Viviendo en Equilibrio

Anna Baker

Anna Baker

Anna Baker

Indice

Anna Baker

Anna Baker

El Poder del Balance Interior

El poder del balance interior es un tema que parece sencillo, pero en la práctica resulta ser un desafío para muchas personas. Vivimos en un mundo que constantemente nos empuja hacia los extremos. Nos dicen que debemos ser los mejores en el trabajo, tener éxito en nuestras relaciones, estar siempre ocupados y ser productivos. Al mismo tiempo, escuchamos sobre la importancia de la paz interior y la tranquilidad. Entonces, nos encontramos en una paradoja: por un lado, la sociedad nos exige ser siempre mejores, y por otro lado, nuestro bienestar emocional nos pide detenernos y encontrar calma. Este es el punto de partida para entender por qué es esencial encontrar un balance interior en nuestras vidas.

El balance interior no se trata de ser feliz todo el tiempo ni de vivir una vida sin problemas. Más bien, se refiere a la capacidad de mantener una sensación de estabilidad, aun cuando el caos nos rodea. Imagínate una cuerda floja. Caminar sobre ella requiere concentración, un paso cuidadoso y la habilidad de mantener el equilibrio, incluso cuando soplan vientos fuertes. Lo mismo sucede con nuestras emociones y pensamientos. La vida muchas veces nos pone a prueba, con momentos de estrés, tristeza o ansiedad, pero si logramos encontrar ese balance interior, podemos continuar avanzando sin caer.

Para lograr este equilibrio, el primer paso es aprender a conocernos a nosotros mismos. Cada uno tiene diferentes maneras de reaccionar ante el estrés o la adversidad. Algunas personas se enojan fácilmente, otras se retiran y prefieren no enfrentar sus problemas, mientras que algunas intentan distraerse sin realmente resolver lo que les afecta. El autoconocimiento es clave porque, al entender nuestras respuestas naturales, podemos empezar a trabajar en cambiar aquellas que nos desestabilizan. Este proceso puede ser incómodo al principio, porque enfrentarse a uno mismo no siempre es fácil, pero es un paso necesario para construir un balance interior sólido.

Además de conocernos, es crucial practicar la aceptación. A menudo, deseamos que las cosas sean diferentes de lo que son. Queremos que los problemas desaparezcan, que las situaciones difíciles no existan, pero la realidad es que la vida siempre tendrá altibajos. Al aceptar que no todo está bajo nuestro control, comenzamos a liberar el peso de la frustración. Esta aceptación no significa rendirse o dejar de intentar mejorar, sino entender que hay momentos en los que simplemente debemos fluir con lo que sucede. Esta mentalidad nos ayuda a mantenernos en calma, incluso cuando las cosas no van como esperamos.

Otra herramienta fundamental para el balance interior es el manejo de las emociones. Las emociones no son nuestras enemigas; de hecho, son señales importantes que nos indican cómo nos sentimos frente a las situaciones de la vida. Sin embargo, muchas veces las dejamos dominar nuestra mente. El enojo, la tristeza o el miedo pueden tomar el control si no aprendemos a gestionarlos de manera adecuada. Para lograr ese manejo, es necesario aprender a reconocer cuándo una emoción está empezando a afectar nuestra paz interior. Una técnica útil es la respiración consciente. Cuando sentimos que una emoción nos está desbordando, detenernos por unos segundos, respirar profundamente y observar lo que estamos sintiendo puede marcar la diferencia entre reaccionar impulsivamente o responder de manera equilibrada.

El balance interior también tiene mucho que ver con la forma en que gestionamos nuestros pensamientos. Todos tenemos una voz interna que nos habla constantemente. A veces nos alienta, pero otras veces puede ser muy crítica. Es fácil caer en una espiral de pensamientos negativos que nos hacen sentir inseguros, ansiosos o tristes. Para evitar que estos pensamientos nos desequilibren, es importante aprender a observarlos sin dejarnos llevar por ellos. Imagina que tus pensamientos son como nubes en el cielo. Algunas son ligeras y blancas, otras son oscuras y pesadas, pero todas pasan eventualmente. En lugar de aferrarnos a los pensamientos negativos, podemos dejarlos pasar sin que afecten nuestra tranquilidad.

El balance interior no es algo que se logre de un día para otro, es un proceso continuo. Algunos días nos sentiremos más equilibrados que otros, y eso está bien. Lo importante es tener las herramientas necesarias para regresar al centro cuando sentimos que nos estamos desviando. Estas herramientas pueden ser la meditación, la respiración, el ejercicio físico, o simplemente tomarse unos minutos al día para reflexionar. No hay una única forma de lograr el balance interior, ya que cada persona es diferente, pero lo esencial es encontrar lo que a uno le funciona y hacerlo parte de la rutina diaria.

Finalmente, es importante recordar que tener un balance interior no significa evitar los desafíos de la vida. Al contrario, es una forma de enfrentarlos con mayor fortaleza y serenidad. La vida siempre nos presentará obstáculos, pero si hemos cultivado ese equilibrio interno, podremos enfrentarlos de manera más efectiva, sin perder nuestra calma ni nuestra claridad mental. Vivir en balance es un acto de autocuidado y de amor propio, porque nos permite ser más conscientes de nuestras necesidades y límites, y al mismo tiempo, estar más presentes para los demás.

Un Balance en Todas las Áreas

Un balance en todas las áreas de la vida es, en esencia, un objetivo que muchas personas desean alcanzar, pero que a menudo parece difícil de lograr. Sin embargo, es importante entender que no se trata de tener todo bajo control o de que cada aspecto de nuestra vida sea perfecto. Se trata más bien de asegurarse de que estamos prestando atención a las partes clave de nuestra existencia de una manera que nos permita sentirnos en paz y satisfechos con lo que somos y lo que tenemos. Las diferentes áreas de la vida, como la salud, el trabajo, las relaciones, el crecimiento personal y el ocio, están conectadas entre sí. Si una de ellas está desequilibrada, puede afectar a las demás, por lo que el objetivo es aprender a mantener una armonía que nos permita estar en sintonía con nosotros mismos.

Una de las áreas más importantes que necesitamos equilibrar es la salud. Y no solo estamos hablando de la salud física, que es vital, sino también de la salud emocional y mental. El cuerpo y la mente trabajan en conjunto, por lo que si estamos constantemente estresados, ansiosos o deprimidos, nuestro cuerpo también lo sentirá. De igual manera, si no cuidamos nuestra alimentación, si no hacemos ejercicio o si no dormimos lo suficiente, es probable que nuestra mente también se vea afectada. Por eso, es crucial que empecemos a ver nuestra salud como una pieza fundamental de ese equilibrio. Comer bien, moverse regularmente, dormir lo necesario y cuidar de nuestro bienestar emocional son aspectos que, aunque puedan parecer simples, tienen un impacto profundo en cómo nos sentimos día a día.

Otro aspecto clave es el trabajo. Para muchos, el trabajo consume una gran parte de su tiempo y energía, y eso está bien, siempre y cuando no se convierta en la única prioridad. Es común que las personas se enfoquen tanto en sus carreras que se olviden de las otras áreas de la vida, como las relaciones personales o el tiempo para uno mismo. Trabajar es necesario, y para algunos, puede ser una fuente de satisfacción personal, pero es importante no dejar que el trabajo sea lo único que define nuestra vida. Si permitimos que el trabajo nos consuma por completo, es probable que terminemos agotados y, lo que es peor, insatisfechos, porque cuando descuidamos las demás áreas de nuestra vida, tarde o temprano sentiremos el vacío de lo que hemos dejado de lado.

Las relaciones personales son otro pilar fundamental del equilibrio. Nuestras conexiones con los demás, ya sean familiares, amigos o pareja, juegan un papel importante en cómo nos sentimos con respecto a nuestra vida. Sin embargo, es fácil caer en relaciones que nos desequilibran, ya sea porque demandan demasiado de nosotros o porque no nos aportan el apoyo que necesitamos. Un balance en las relaciones implica establecer límites claros, saber cuándo decir no y asegurarse de que las personas con las que pasamos nuestro tiempo nos están ayudando a crecer y no a estancarnos. Es también entender que las relaciones deben ser recíprocas: no se trata solo de dar o de recibir, sino de un equilibrio entre ambos. Cuando nuestras relaciones son saludables y están en equilibrio, nos sentimos más felices, más tranquilos y más conectados con el mundo.

El crecimiento personal también es una parte esencial del balance en la vida. A veces, podemos sentir que estamos atrapados en una rutina o que no estamos avanzando hacia nuestras metas. Es en esos momentos cuando necesitamos prestar atención a nuestro desarrollo personal. Aprender cosas nuevas, ya sea sobre nosotros mismos o sobre el mundo, es una forma poderosa de mantenernos motivados y equilibrados. El crecimiento personal no siempre tiene que ser algo grandioso; puede ser tan simple como leer un libro, tomar una clase, practicar un nuevo hobby o reflexionar sobre nuestras metas y cómo podemos alcanzarlas. El punto es seguir creciendo y evolucionando, porque cuando nos sentimos estancados, el desequilibrio empieza a manifestarse en otras áreas de nuestra vida.

El ocio, por su parte, es una parte del balance que muchas veces ignoramos. En un mundo que valora tanto la productividad y el logro, el tiempo de ocio puede parecer un lujo o incluso una pérdida de tiempo, pero en realidad es esencial para nuestro bienestar. El ocio no significa simplemente no hacer nada, sino dedicar tiempo a actividades que nos relajan, nos divierten o nos permiten desconectar del estrés diario. Esto puede ser desde pasar tiempo con amigos, hasta salir a caminar, practicar un deporte o simplemente disfrutar de un buen libro. El tiempo de ocio nos permite recargar energías y volver a nuestras actividades diarias con una mente más clara y un espíritu renovado.

El equilibrio financiero también es un área que no se puede ignorar. No se trata de tener grandes riquezas, sino de manejar el dinero de manera que no nos cause estrés o ansiedad constante. El dinero es una herramienta, no un fin en sí mismo, y aprender a usarlo sabiamente es clave para evitar que se convierta en una fuente de desequilibrio. La tranquilidad financiera se logra cuando somos conscientes de nuestros ingresos y gastos, cuando planificamos para el futuro sin sacrificar el presente y cuando evitamos compararnos con los demás. Encontrar este balance financiero nos da una sensación de seguridad que contribuye a nuestro bienestar general.

Finalmente, el equilibrio en todas las áreas de la vida no es algo que se pueda alcanzar de una sola vez, ni es un estado permanente. Habrá momentos en los que una área requerirá más atención que otra, y eso es normal. Lo importante es estar atentos a cuando una parte de nuestra vida comienza a desbalancearse y tomar medidas para corregir el curso antes de que afecte el resto de nuestras áreas. El equilibrio es un proceso dinámico, y mientras más conscientes seamos de cómo interactúan las diferentes áreas de nuestra vida, más fácil será mantener esa armonía que nos permite sentirnos plenos y en paz.

El Primer Paso hacia el Equilibrio

El primer paso hacia el equilibrio en la vida es el autoconocimiento. Esto significa que, para lograr tener una vida equilibrada, primero debemos conocernos a nosotros mismos. Puede parecer algo básico, pero en realidad muchas personas viven sus vidas sin detenerse a pensar quiénes son realmente o qué es lo que quieren. Nos acostumbramos a seguir las expectativas de los demás, a hacer lo que se supone que debemos hacer, sin preguntarnos si eso nos hace felices o si es lo que realmente queremos. El autoconocimiento es la clave para empezar a equilibrar nuestras vidas, porque nos permite identificar qué áreas necesitan más atención y cuáles están funcionando bien. Es como hacer un inventario personal, donde revisamos nuestras emociones, pensamientos, hábitos y comportamientos para entender mejor cómo nos estamos manejando en la vida.

Una forma sencilla de comenzar a conocernos mejor es hacernos preguntas. ¿Qué me hace feliz? ¿Qué me estresa? ¿Cuáles son mis metas a largo plazo? ¿Estoy satisfecho con mi vida en este momento? Estas preguntas nos ayudan a ver con más claridad qué aspectos de nuestra vida están desbalanceados. A veces, puede ser difícil admitir que algo no está bien, pero es necesario ser honestos con nosotros mismos. Si no lo hacemos, es como si estuviéramos conduciendo un coche sin saber hacia dónde vamos. Podemos avanzar, pero es probable que terminemos en un lugar al que no queríamos llegar. El autoconocimiento nos da el mapa que necesitamos para dirigirnos en la dirección correcta.

Además de hacernos preguntas, otra herramienta poderosa para conocernos mejor es la reflexión. La vida cotidiana es rápida y está llena de distracciones. Entre el trabajo, las responsabilidades familiares y las redes sociales, muchas veces no tenemos ni un momento para detenernos y pensar en nosotros mismos. Pero la reflexión es esencial para entender lo que está sucediendo dentro de nosotros. Tomarnos unos minutos al día para estar en silencio, sin distracciones, nos permite escuchar nuestras emociones y pensamientos de una manera más clara. A través de la reflexión, podemos identificar patrones en nuestro comportamiento que nos ayudan a ver por qué reaccionamos de cierta manera en determinadas situaciones. Tal vez nos damos cuenta de que siempre nos sentimos estresados cuando estamos con ciertas personas, o que tendemos a evitar situaciones que nos hacen sentir incómodos. Estas observaciones nos proporcionan información valiosa sobre lo que necesitamos cambiar o ajustar para lograr un mayor equilibrio.

El siguiente paso en el proceso de autoconocimiento es aceptar quiénes somos, con nuestras fortalezas y nuestras debilidades. Muchas veces, cuando nos conocemos mejor, podemos descubrir aspectos de nosotros mismos que no nos gustan. Tal vez somos más impacientes de lo que pensábamos, o tal vez nos damos cuenta de que nos cuesta mucho decir no a los demás. En lugar de castigarnos por estas características, es importante aceptarlas como parte de lo que somos. Todos tenemos áreas en las que podemos mejorar, y ese es justamente el propósito de conocernos mejor: identificar dónde necesitamos hacer ajustes. Aceptarnos tal como somos no significa que no podamos cambiar o mejorar, pero es un primer paso esencial para comenzar a trabajar en nuestro equilibrio personal.

El autoconocimiento también nos ayuda a identificar nuestras prioridades. Muchas veces, el desequilibrio en nuestras vidas se debe a que estamos dedicando demasiado tiempo y energía a cosas que no son realmente importantes para nosotros. Tal vez estamos trabajando demasiadas horas en un empleo que no nos satisface, o tal vez estamos gastando nuestra energía tratando de complacer a otras personas. Cuando nos conocemos mejor, podemos empezar a cuestionar si estas decisiones están alineadas con nuestros verdaderos deseos y valores. Al identificar nuestras prioridades, podemos comenzar a hacer cambios que nos acerquen a una vida más equilibrada. Por ejemplo, si descubrimos que lo que más valoramos es pasar tiempo con nuestra familia, pero nuestro trabajo nos mantiene alejados, podríamos empezar a buscar maneras de equilibrar mejor nuestras responsabilidades laborales con nuestras relaciones familiares.

El autoconocimiento también nos ayuda a entender nuestras emociones. A menudo, nos dejamos llevar por emociones como el estrés, la ira o la tristeza, sin realmente detenernos a pensar de dónde vienen o por qué nos sentimos así. Cuando tomamos el tiempo para conocernos mejor, podemos empezar a identificar los desencadenantes de nuestras emociones y cómo reaccionamos ante ellos. Esto nos permite desarrollar una mayor conciencia emocional, lo que es crucial para mantener el equilibrio en nuestra vida. En lugar de reaccionar automáticamente a nuestras emociones, podemos aprender a gestionarlas de manera más efectiva. Por ejemplo, si sabemos que el tráfico nos pone de mal humor, podemos encontrar formas de calmar nuestra mente antes de enfrentarlo, como escuchar música relajante o practicar técnicas de respiración profunda.

Finalmente, el autoconocimiento nos ayuda a ser más compasivos con nosotros mismos. Vivimos en una sociedad que nos presiona para ser perfectos en todo momento. Se espera que seamos exitosos en el trabajo, que tengamos relaciones perfectas, que estemos siempre felices y en control. Pero la realidad es que todos somos humanos, y parte de ser humano es cometer errores y enfrentar dificultades. Cuando nos conocemos mejor, también aprendemos a ser más comprensivos con nosotros mismos en los momentos en que las cosas no salen como esperábamos. En lugar de castigarnos o criticarnos, podemos ver esas situaciones como oportunidades para aprender y crecer.

El primer paso hacia el equilibrio, entonces, es un proceso de exploración interna. No se trata de alcanzar un punto de perfección, sino de entendernos mejor a nosotros mismos y aceptar quiénes somos. Al hacerlo, podemos empezar a tomar decisiones más conscientes y alineadas con lo que realmente queremos en la vida, y eso nos permitirá avanzar hacia una mayor paz y estabilidad. Con el tiempo, a medida que continuamos con este proceso de autoconocimiento, podemos ajustar nuestras vidas de manera que cada una de nuestras acciones refleje mejor nuestros valores y necesidades, lo que nos llevará a una vida más equilibrada y plena.

Manejo de las Altas y Bajas

El manejo de las altas y bajas en la vida es una habilidad crucial para mantener el equilibrio. La vida, por su naturaleza, está llena de altibajos. Hay días en los que todo parece ir bien, cuando sentimos que el mundo está de nuestro lado y que las cosas fluyen sin problemas. Pero también hay días en los que parece que todo está en nuestra contra, cuando el estrés, la ansiedad o las dificultades nos abruman. Enfrentar estos momentos de subidas y bajadas es parte de la experiencia humana, pero lo que realmente marca la diferencia es cómo manejamos esas fluctuaciones. Mantener el equilibrio, incluso cuando las circunstancias externas cambian constantemente, es posible si aprendemos a gestionar de manera efectiva estos picos emocionales y situaciones difíciles.

El primer paso para manejar las altas y bajas es aceptar que son inevitables. Muchos de nosotros caemos en la trampa de pensar que la vida debería ser constante, que si trabajamos lo suficientemente duro, si somos lo suficientemente positivos o si hacemos las cosas "bien", podremos evitar los momentos difíciles. La realidad es que no importa cuán preparados estemos o cuán bien planeemos nuestras vidas, siempre habrá factores fuera de nuestro control que nos harán pasar por situaciones complicadas. La aceptación es clave, porque en lugar de resistirnos o intentar evitar las dificultades, aprendemos a fluir con ellas. Al aceptar que la vida tiene altibajos, también reducimos la cantidad de estrés que sentimos cuando las cosas no salen como esperamos.

Una de las herramientas más útiles para manejar las altas y bajas es el desarrollo de la resiliencia. La resiliencia es la capacidad de adaptarse y recuperarse de los momentos difíciles. No significa que no sintamos dolor o tristeza cuando las cosas se ponen difíciles, pero sí significa que tenemos la fortaleza para seguir adelante a pesar de esas emociones. La resiliencia no es algo con lo que nacemos; es una habilidad que podemos desarrollar con el tiempo. La clave para desarrollar resiliencia es aprender a ver los desafíos como oportunidades de crecimiento en lugar de obstáculos insuperables. Cuando nos enfrentamos a una situación difícil, podemos preguntarnos: ¿qué puedo aprender de esto? ¿Cómo puedo salir más fuerte? Estas preguntas cambian nuestra perspectiva y nos permiten enfrentar las bajas de la vida con una mentalidad más positiva y constructiva.

Otra herramienta esencial para manejar las altas y bajas es la regulación emocional. Las emociones, como el estrés, la tristeza o la frustración, son normales y humanas, pero si no las gestionamos adecuadamente, pueden tomar el control y desequilibrarnos. Aprender a reconocer nuestras emociones y encontrar formas saludables de manejarlas es fundamental. Por ejemplo, cuando estamos pasando por una baja emocional, en lugar de dejarnos llevar por la desesperación, podemos tomarnos un momento para respirar profundamente, hablar con alguien de confianza o escribir en un diario sobre lo que sentimos. Estas acciones nos ayudan a procesar nuestras emociones de manera efectiva, en lugar de dejar que nos arrastren a un estado de desequilibrio. Del mismo modo, cuando estamos en una alta emocional, es importante mantener los pies en la tierra. La euforia es maravillosa, pero si nos dejamos llevar demasiado por ella, podemos tomar decisiones impulsivas o ignorar aspectos importantes de nuestra vida que requieren nuestra atención.

El equilibrio no solo se trata de mantener la calma durante las bajas, sino también de aprender a disfrutar y aprovechar las altas. A menudo, cuando estamos en una etapa positiva de la vida, nos enfocamos tanto en disfrutar el momento que olvidamos planificar o cuidar otros aspectos importantes. Es como estar en la cima de una montaña, donde la vista es espectacular, pero también necesitamos asegurarnos de que no nos mareemos por la altura. Aprovechar las altas de la vida significa ser agradecidos por los buenos momentos, disfrutar de lo que tenemos, pero sin perder de vista el panorama general. Es importante seguir cuidando de nuestra salud, de nuestras relaciones y de nuestras responsabilidades, incluso cuando las cosas están yendo bien.

Una parte esencial del manejo de las altas y bajas es mantener una perspectiva a largo plazo. Cuando estamos en una baja, es fácil sentir que ese momento durará para siempre, pero la realidad es que las emociones y las situaciones siempre cambian. Nada es permanente. Lo mismo ocurre con las altas: aunque disfrutamos de los momentos buenos, también debemos recordar que eventualmente las cosas cambiarán. Mantener una perspectiva equilibrada nos ayuda a no sentirnos abrumados por los momentos difíciles ni a dejarnos llevar demasiado por los buenos tiempos. Al recordar que todo es temporal, podemos afrontar los altibajos con más serenidad y claridad mental.

El autocuidado también juega un papel fundamental en el manejo de las altas y bajas. Cuando estamos en una etapa difícil, es fácil olvidarnos de nosotros mismos y descuidar nuestras necesidades básicas. Pero el autocuidado es lo que nos ayuda a recargar energías y a mantenernos fuertes, tanto física como emocionalmente. Dormir bien, comer de manera equilibrada, hacer ejercicio y tomar tiempo para relajarnos son aspectos clave que nos ayudan a afrontar mejor las dificultades. De igual manera, cuando estamos en una etapa positiva, el autocuidado nos permite mantener ese equilibrio, evitando que nos quememos o que nos agotemos por intentar hacer demasiado en poco tiempo.

Otro aspecto importante del manejo de las altas y bajas es el apoyo social. No tenemos que pasar por los altibajos de la vida solos. Rodearnos de personas que nos apoyen, que nos escuchen y que nos comprendan es esencial para mantener el equilibrio. Hablar con amigos, familiares o incluso buscar apoyo profesional, como un terapeuta, puede ser de gran ayuda cuando estamos atravesando una etapa difícil. A veces, solo el hecho de compartir lo que sentimos con alguien más nos alivia y nos permite ver las cosas desde una nueva perspectiva. Del mismo modo, en los momentos de altas, compartir nuestras alegrías con los demás nos ayuda a disfrutar más de esos buenos momentos y a fortalecer nuestras relaciones.

Finalmente, el manejo de las altas y bajas se trata de ser flexibles y adaptables. La vida no es lineal, y cuanto antes aceptemos que las cosas no siempre salen como esperamos, más fácil será encontrar nuestro equilibrio. La flexibilidad nos permite adaptarnos a los cambios y a las circunstancias inesperadas sin perder nuestro centro. Esto significa estar dispuestos a cambiar de planes cuando es necesario, a ajustar nuestras expectativas y a seguir adelante, incluso cuando las cosas no resultan como pensábamos. En lugar de resistirnos a los cambios, podemos aprender a fluir con ellos, sabiendo que tanto las altas como las bajas son parte de un ciclo natural que siempre se mueve hacia adelante.

En resumen, el manejo de las altas y bajas en la vida requiere una combinación de aceptación, resiliencia, regulación emocional, perspectiva a largo plazo, autocuidado, apoyo social y flexibilidad. Si logramos desarrollar estas habilidades, podremos mantener el equilibrio a lo largo de los inevitables altibajos de la vida, y enfrentar cualquier desafío con mayor serenidad y fortaleza interior.

Estrategias para una Mente Clara

Tener una mente clara es uno de los pilares fundamentales para lograr una vida equilibrada. Sin claridad mental, es fácil sentirse abrumado, confundido o desorientado, lo que puede afectar nuestra capacidad para tomar decisiones, resolver problemas y vivir de manera plena. El ritmo acelerado de la vida moderna, las responsabilidades, el estrés y las constantes distracciones pueden nublar nuestra mente y hacernos sentir como si estuviéramos atrapados en un torbellino de pensamientos desorganizados. Por eso, es importante desarrollar estrategias que nos ayuden a despejar nuestra mente y mantenerla clara. Esto nos permitirá enfrentar los desafíos con mayor tranquilidad y sabiduría, tomar decisiones más acertadas y, en última instancia, vivir con más paz interior.

Una de las estrategias más efectivas para tener una mente clara es la práctica de la meditación. La meditación no tiene que ser algo complicado ni requiere que te sientes en silencio durante horas. Incluso unos pocos minutos al día pueden hacer una gran diferencia. La meditación consiste en enfocar la atención en el momento presente, dejando de lado las preocupaciones sobre el pasado o el futuro. Cuando meditamos, entrenamos nuestra mente para calmarse y centrarse, lo que nos ayuda a despejar los pensamientos que nos abruman. A lo largo del tiempo, la práctica regular de la meditación no solo mejora nuestra capacidad para concentrarnos, sino que también reduce los niveles de estrés y ansiedad, creando un espacio mental más claro y ordenado. Si nunca has intentado meditar, puedes comenzar con ejercicios simples, como centrarte en tu respiración o en los sonidos que te rodean.

Otra estrategia importante para despejar la mente es mantener un orden en nuestro entorno. Aunque pueda parecer que la claridad mental no tiene mucho que ver con el orden físico, la realidad es que nuestro entorno puede influir enormemente en cómo nos sentimos mentalmente. Cuando estamos rodeados de desorden, nuestra mente puede sentir que está en un estado de caos constante, lo que genera estrés y dificulta la concentración. En cambio, cuando nuestro espacio está limpio y organizado, es más fácil sentir que también tenemos control sobre nuestros pensamientos. Dedicar tiempo a ordenar nuestro espacio de trabajo o nuestra casa puede ser un primer paso para crear un ambiente que favorezca una mente más clara. No se trata de que todo sea perfecto, sino de crear un espacio que nos permita sentirnos más tranquilos y menos abrumados.

El manejo del tiempo también juega un papel clave en la claridad mental. Cuando tenemos muchas tareas pendientes y no sabemos por dónde empezar, nuestra mente se puede llenar de ansiedad, lo que nos impide pensar con claridad. Para evitar esto, es útil adoptar estrategias de organización del tiempo, como hacer listas de tareas o establecer prioridades. Cuando dividimos nuestras responsabilidades en tareas más manejables, nos sentimos menos abrumados y más capaces de concentrarnos en lo que realmente importa. También es importante aprender a decir no a compromisos que no sean esenciales. A menudo, nuestra mente se nublará si estamos constantemente sobrecargados con demasiadas responsabilidades. Al aprender a gestionar nuestro tiempo de manera más eficiente, podemos crear un espacio mental más despejado y enfocado.

El ejercicio físico es otra herramienta poderosa para lograr una mente clara. Cuando nos movemos, liberamos tensiones físicas y mentales que se acumulan a lo largo del día. No es necesario hacer un entrenamiento intenso; incluso una caminata de 20 minutos puede ser suficiente para despejar la mente y reducir el estrés. El ejercicio no solo mejora la salud física, sino que también ayuda a liberar endorfinas, que son hormonas que nos hacen sentir bien. Esto contribuye a mejorar nuestro estado de ánimo y a calmar la mente. Además, el simple hecho de alejarnos de nuestras tareas y hacer algo que involucra el cuerpo nos permite desconectar de los pensamientos que nos saturan y regresar a nuestras actividades con una perspectiva más fresca y clara.

La alimentación también influye directamente en nuestra claridad mental. Lo que comemos afecta nuestro cerebro y nuestra capacidad de concentración. Los alimentos ricos en azúcar o grasas saturadas pueden hacernos sentir lentos y pesados, lo que afecta nuestra capacidad de pensar con claridad. En cambio, una dieta balanceada, rica en frutas, verduras, granos enteros y proteínas magras, puede mejorar nuestro enfoque y nuestra energía mental. Mantenernos hidratados es igualmente importante; la deshidratación puede causar fatiga y confusión mental, lo que nos impide tener una mente despejada. Por lo tanto, prestar atención a lo que comemos y bebemos puede tener un impacto significativo en nuestra capacidad para mantener una mente clara y alerta.

El descanso adecuado es otra estrategia fundamental para lograr claridad mental. Cuando no dormimos lo suficiente, nuestro cerebro no funciona de manera óptima. La falta de sueño afecta nuestra memoria, nuestro enfoque y nuestra capacidad para tomar decisiones. Por eso, es crucial asegurarnos de dormir lo necesario cada noche. Crear una rutina de sueño que incluya horarios regulares para irse a la cama y despertarse puede ayudar a mejorar la calidad de nuestro descanso. Además, es útil evitar el uso de pantallas antes de dormir, ya que la luz azul emitida por dispositivos electrónicos puede interferir con la producción de melatonina, una hormona que regula el sueño. Cuando descansamos lo suficiente, nuestra mente está más clara, más alerta y mejor preparada para enfrentar los desafíos del día.

Otra estrategia útil para una mente clara es aprender a soltar lo que no podemos controlar. A menudo, nuestra mente se nublará cuando intentamos resolver problemas o preocuparnos por cosas que están fuera de nuestro control. Nos estresamos por el clima, por las acciones de otras personas o por situaciones que no podemos cambiar. Cuando dedicamos energía mental a estas cosas, simplemente agotamos nuestra capacidad de concentración y claridad. Por eso, una de las claves para mantener una mente despejada es aceptar que hay cosas que no podemos cambiar, y dejar de preocuparnos por ellas. En su lugar, podemos enfocar nuestra energía en lo que sí está bajo nuestro control, lo que nos permite tener una mayor sensación de paz y claridad.

La práctica de la gratitud también puede ser una herramienta poderosa para despejar la mente. Cuando estamos agradecidos por lo que tenemos, es menos probable que nuestra mente se llene de pensamientos negativos o de preocupaciones innecesarias. Dedicar unos minutos cada día a reflexionar sobre las cosas por las que estamos agradecidos puede ayudarnos a mantener una mentalidad más positiva y despejada. La gratitud nos ayuda a concentrarnos en el presente y a apreciar las pequeñas cosas que nos rodean, lo que a su vez reduce el ruido mental y nos permite pensar con más claridad.

Finalmente, es importante limitar el tiempo que pasamos en actividades que saturan nuestra mente, como el uso excesivo de las redes sociales o el consumo constante de noticias negativas. Estas actividades pueden llenar nuestra mente de información innecesaria, provocando confusión y ansiedad. Establecer límites sobre el tiempo que dedicamos a estas actividades puede ser una excelente manera de proteger nuestra claridad mental. En lugar de pasar horas navegando por internet o viendo noticias, podemos dedicar tiempo a actividades que realmente nos nutran, como leer, conversar con amigos o pasar tiempo al aire libre.

En resumen, mantener una mente clara requiere un enfoque proactivo. A través de la meditación, el orden en nuestro entorno, el manejo del tiempo, el ejercicio, una alimentación saludable, el descanso adecuado, la práctica de soltar el control, la gratitud y la limitación de las distracciones, podemos desarrollar un estado mental más despejado y tranquilo. Estas estrategias nos ayudan no solo a pensar con más claridad, sino también a enfrentar la vida con mayor serenidad y equilibrio.

Anna Baker

Cuidar de tu Salud Física

Cuidar de tu salud física es esencial para lograr una vida equilibrada. Aunque muchas veces damos prioridad a nuestras responsabilidades, trabajo o familia, es importante recordar que sin una buena salud, todo lo demás se vuelve más difícil. La salud física es la base sobre la cual podemos construir nuestras metas, relaciones y actividades diarias. No se trata solo de evitar enfermedades, sino de sentirnos fuertes, con energía y capaces de enfrentar lo que venga. Cuando nuestro cuerpo está en buen estado, nuestra mente también funciona mejor y somos capaces de tomar mejores decisiones, pensar con claridad y disfrutar más de la vida.

Uno de los pilares fundamentales para cuidar la salud física es el ejercicio regular. No tienes que convertirte en un atleta para mantenerte en forma, pero es crucial moverse todos los días. El cuerpo humano está diseñado para estar en movimiento. Cuando pasamos mucho tiempo sentados o inactivos, empezamos a sentirnos lentos, con poca energía e incluso podemos desarrollar problemas de salud a largo plazo. Hacer ejercicio no solo fortalece los músculos y huesos, sino que también mejora el funcionamiento del corazón, los pulmones y el sistema circulatorio. Además, cuando hacemos ejercicio, nuestro cerebro libera endorfinas, que son sustancias químicas que nos hacen sentir más felices y menos estresados. Caminar, nadar, andar en bicicleta o incluso bailar son formas divertidas y efectivas de incorporar actividad física en nuestra rutina diaria. Lo importante es encontrar algo que disfrutes, para que te mantengas constante y no lo veas como una obligación, sino como un tiempo para cuidar de ti mismo.

Otra parte importante del cuidado físico es la alimentación. Lo que comemos tiene un impacto directo en nuestra energía, en cómo nos sentimos y en nuestra salud a largo plazo. Una dieta equilibrada no significa privarse de los alimentos que nos gustan, sino aprender a elegir opciones que nos nutran y nos mantengan fuertes. Comer una variedad de frutas, verduras, proteínas magras y granos enteros puede proporcionarnos los nutrientes que nuestro cuerpo necesita para funcionar de la mejor manera. Por otro lado, los alimentos ultraprocesados, llenos de azúcares y grasas saturadas, pueden hacernos sentir pesados y cansados, afectando no solo nuestra salud física, sino también nuestro estado de ánimo. Al prestar atención a lo que comemos, estamos alimentando nuestro cuerpo con lo que necesita para rendir al máximo, lo que nos permite tener la energía suficiente para enfrentar el día con ánimo y claridad.

El descanso adecuado también es un componente vital del cuidado físico. A menudo, subestimamos la importancia de dormir lo suficiente, pero el sueño es esencial para que el cuerpo se recupere y se repare. Cuando dormimos, nuestro cuerpo trabaja para sanar los tejidos, fortalecer el sistema inmunológico y recargar energía. Si no dormimos lo necesario, nos sentimos cansados, irritables y nuestra capacidad para concentrarnos y tomar decisiones se ve afectada. Además, la falta de sueño prolongada puede tener consecuencias graves para la salud, como un mayor riesgo de enfermedades cardíacas, diabetes y otros problemas crónicos. Crear una rutina de sueño que nos permita descansar lo suficiente cada noche es clave para mantener una buena salud física. Esto incluye evitar las pantallas antes de acostarse, mantener un horario regular para dormir y asegurarnos de que nuestro dormitorio sea un espacio cómodo y tranquilo donde podamos relajarnos.

La hidratación es otro aspecto que no podemos pasar por alto. Nuestro cuerpo está compuesto principalmente de agua, y cada célula, órgano y sistema necesita de este líquido vital para funcionar correctamente. Beber suficiente agua a lo largo del día nos ayuda a mantener nuestros niveles de energía, a que nuestros músculos y articulaciones funcionen sin problemas y a que nuestra piel se mantenga saludable. Muchas veces, la fatiga o el dolor de cabeza pueden ser señales de que no estamos bien hidratados. La clave es hacer de la hidratación un hábito diario. Aunque la cantidad de agua que necesitamos varía de persona a persona, un buen punto de partida es asegurarnos de beber agua regularmente y no esperar a tener sed para hacerlo.

El manejo del estrés también es esencial para cuidar de la salud física. El estrés crónico puede afectar seriamente al cuerpo, causando problemas como dolores de cabeza, tensión muscular, problemas digestivos y enfermedades cardíacas. Aunque no siempre podemos evitar las situaciones estresantes, sí podemos aprender a manejarlas de manera más saludable. El ejercicio, la meditación, la respiración profunda y las actividades que nos relajen, como leer o pasar tiempo con seres queridos, son excelentes maneras de reducir los niveles de estrés. Cuidar nuestra salud mental y emocional es tan importante como cuidar de nuestro cuerpo, ya que ambos están profundamente conectados.

Otro aspecto del cuidado físico que muchas veces olvidamos es la importancia de las revisiones médicas regulares. A medida que envejecemos, es fundamental mantenernos al tanto de nuestra salud y detectar posibles problemas antes de que se conviertan en algo más serio. Esto incluye ir al médico para chequeos generales, hacerse análisis de sangre, revisar la presión arterial y asegurarnos de que todo esté funcionando correctamente. La prevención es la mejor medicina, y al mantenernos atentos a nuestra salud podemos evitar complicaciones a futuro. A veces, pequeños cambios en nuestro estilo de vida, como ajustar nuestra alimentación o incorporar más actividad física, pueden hacer una gran diferencia en nuestra salud general.

Cuidar de nuestro cuerpo también implica ser conscientes de las señales que nos envía. A menudo, el cuerpo nos avisa cuando algo no anda bien, ya sea a través de dolores, fatiga o malestares. Escuchar a nuestro cuerpo es una forma de prevenir problemas mayores. Si sentimos dolor persistente, falta de energía o cualquier otro síntoma inusual, es importante no ignorarlo y buscar la ayuda necesaria. El cuerpo es sabio y nos da pistas sobre lo que necesita para mantenerse en equilibrio, pero depende de nosotros prestar atención y actuar en consecuencia.

También es fundamental encontrar un equilibrio entre el trabajo y el descanso. Muchas personas creen que para tener éxito deben trabajar sin parar, sacrificando su bienestar físico. Sin embargo, el descanso es parte del proceso de productividad. Si no le damos al cuerpo el tiempo necesario para recuperarse, eventualmente nos agotaremos y nuestra salud se verá afectada. Tomar pausas, desconectar del trabajo y permitirnos momentos de relajación no es un lujo, sino una necesidad. Un cuerpo cansado no puede rendir al máximo, y si queremos alcanzar nuestras metas, debemos asegurarnos de que estamos cuidando nuestra salud física en el camino.

Finalmente, cuidar de la salud física no tiene que ser algo abrumador o complicado. Pequeños cambios en nuestros hábitos diarios pueden tener un gran impacto en nuestra salud a largo plazo. No se trata de seguir una dieta estricta o hacer ejercicios extremos, sino de adoptar hábitos saludables que podamos mantener en el tiempo. La clave está en ser constantes y en hacer del cuidado físico una parte natural de nuestra rutina diaria. Esto nos permitirá disfrutar de una vida más plena, con energía y bienestar, y nos ayudará a enfrentar los desafíos con más fuerza y resiliencia.

En resumen, cuidar de la salud física es una inversión en nuestra calidad de vida. A través del ejercicio regular, una alimentación balanceada, el descanso adecuado, la hidratación, el manejo del estrés, las revisiones médicas y la escucha de nuestro propio cuerpo, podemos mantenernos fuertes y saludables. Estos hábitos no solo mejoran nuestra salud física, sino que también contribuyen a una mente más clara y a un bienestar emocional. Al cuidar de nuestro cuerpo, estamos construyendo una base sólida para una vida equilibrada y plena.

Anna Baker

Encontrar el Punto Medio

Encontrar el punto medio en la vida puede sonar sencillo, pero en realidad es una de las cosas más difíciles de lograr. Vivimos en una sociedad donde muchas veces se nos impulsa a ir a los extremos. Nos dicen que debemos trabajar más horas para tener éxito, que debemos comer súper saludable o que debemos ser siempre los mejores en todo lo que hacemos. Sin embargo, lo que realmente nos aporta bienestar y equilibrio es encontrar ese punto medio, ese lugar donde no estamos ni demasiado a un lado ni demasiado al otro, sino justo en el centro. Ese punto de balance nos permite vivir de una forma más tranquila y disfrutar de las cosas sin agotarnos ni sentirnos presionados todo el tiempo.

Cuando hablamos de encontrar el punto medio, no significa que todo en nuestra vida deba ser medido con una regla perfecta o que debamos vivir en una rutina estricta. Se trata más bien de saber cuándo es el momento de esforzarnos y cuándo es el momento de descansar, cuándo debemos darnos un gusto y cuándo debemos ser más conscientes de nuestras elecciones. Este equilibrio se aplica a todas las áreas de nuestra vida: desde la alimentación, el trabajo, las relaciones, hasta el tiempo que dedicamos a nosotros mismos. Encontrar el punto medio es un arte que requiere de autoconocimiento y práctica constante, porque no siempre es fácil reconocer cuándo estamos inclinándonos demasiado hacia un lado.

En el área del trabajo, por ejemplo, es fácil caer en el extremo de trabajar sin parar o, por el contrario, no esforzarnos lo suficiente. El punto medio en este caso sería aprender a gestionar nuestro tiempo de manera que podamos cumplir con nuestras responsabilidades sin sacrificar nuestro bienestar personal. Es importante tener metas y ser productivos, pero también es necesario tener tiempo para descansar, para disfrutar de la vida y recargar nuestras energías. Si solo nos enfocamos en trabajar y dejamos de lado nuestra vida personal, tarde o temprano nos sentiremos agotados y frustrados. Pero si nos relajamos demasiado y no le damos la atención necesaria a nuestras obligaciones, también podemos terminar sintiéndonos insatisfechos y estancados. El punto medio aquí sería encontrar un balance entre ser productivos y darnos permiso para desconectar y disfrutar de otras cosas que nos hacen felices.

En cuanto a la alimentación, encontrar el punto medio significa permitirnos disfrutar de los alimentos que nos gustan sin caer en los excesos ni en las privaciones extremas. Si seguimos una dieta muy estricta todo el tiempo, probablemente terminemos sintiéndonos privados y frustrados, lo que puede llevarnos a darnos atracones o a abandonar por completo nuestros hábitos saludables. Por otro lado, si no prestamos atención a lo que comemos y simplemente nos dejamos llevar por antojos y comidas poco nutritivas, nuestra salud se verá afectada. El punto medio es aprender a disfrutar de los alimentos de una manera equilibrada, comiendo de manera saludable la mayor parte del tiempo, pero también dándonos esos pequeños gustos que nos hacen felices. No se trata de ser perfectos, sino de encontrar un estilo de vida que podamos mantener a largo plazo, sin sentirnos privados ni culpables.

En nuestras relaciones personales, encontrar el punto medio también es fundamental. A veces, podemos caer en el extremo de querer agradar a los demás todo el tiempo, sacrificando nuestras propias necesidades y deseos. O, por el contrario, podemos ser demasiado egoístas, pensando solo en nosotros mismos sin considerar cómo nuestras acciones afectan a los demás. El punto medio en este caso sería encontrar un equilibrio entre cuidar de nuestras propias necesidades y ser conscientes de las necesidades de los demás. Es importante establecer límites saludables y asegurarnos de que nuestras relaciones sean equilibradas, donde tanto nosotros como los demás seamos respetados y valorados. Al encontrar este equilibrio, nuestras relaciones serán más armoniosas y satisfactorias.

El tiempo que dedicamos a nosotros mismos también es un área donde debemos encontrar el punto medio. Vivimos en una época en la que muchas personas se sienten culpables por tomarse tiempo para sí mismas, ya sea para descansar, para hacer algo que les gusta o simplemente para relajarse. Pero es esencial tener momentos de autocuidado, donde podamos desconectar del mundo exterior y recargar nuestras energías. Sin embargo, también es importante no caer en el otro extremo, donde nos aislamos demasiado o descuidamos nuestras responsabilidades. El punto medio sería encontrar momentos en nuestra rutina diaria donde podamos dedicar tiempo a nosotros mismos sin sentirnos culpables, pero también asegurarnos de cumplir con nuestras obligaciones y mantenernos conectados con las personas que nos rodean.

El equilibrio entre el esfuerzo y el descanso es clave en todas las áreas de la vida. A veces, el esfuerzo excesivo nos lleva al agotamiento y a sentir que estamos persiguiendo constantemente algo sin llegar a disfrutar del camino. Por otro lado, el descanso excesivo puede hacernos sentir apáticos o desconectados de nuestros propios objetivos. El punto medio sería aprender a trabajar duro cuando es necesario, pero también permitirnos descansar y recargar energías cuando nuestro cuerpo o mente lo necesitan. Este equilibrio es especialmente importante para evitar el agotamiento físico y emocional, lo cual es crucial para mantener una vida equilibrada y plena.

En la búsqueda del equilibrio, también es importante reconocer que la vida no siempre será perfecta y que habrá momentos en los que nos inclinemos más hacia un lado que hacia otro. Eso está bien. No siempre es posible estar exactamente en el punto medio todo el tiempo, y lo más importante es ser flexibles y conscientes de cuándo es necesario hacer ajustes. A veces, la vida nos exige que pongamos más esfuerzo en ciertas áreas, como cuando estamos trabajando en un proyecto importante o pasando por una situación difícil. En esos momentos, es normal que algunas otras áreas de nuestra vida queden en segundo plano. Lo importante es reconocer cuándo es el momento de volver a equilibrar la balanza y asegurarnos de que, a largo plazo, estamos encontrando un ritmo que nos permita mantener ese equilibrio.

Encontrar el punto medio también implica ser compasivos con nosotros mismos. No siempre vamos a tener todo bajo control, y está bien cometer errores o desviarnos de vez en cuando. Lo importante es aprender de esas experiencias y seguir buscando el equilibrio. La vida es un proceso continuo de ajuste y adaptación, y cada uno de nosotros tiene su propio ritmo y sus propios desafíos. Al ser amables con nosotros mismos y aceptar que el equilibrio no es algo estático, sino algo que estamos constantemente cultivando, podemos vivir de manera más relajada y plena.

En resumen, encontrar el punto medio en la vida es una habilidad que requiere práctica y consciencia. Se trata de evitar los extremos y buscar un equilibrio que nos permita vivir de manera más tranquila y plena. Ya sea en el trabajo, en la alimentación, en las relaciones o en el tiempo que dedicamos a nosotros mismos, el equilibrio nos ayuda a sentirnos más satisfechos y a evitar el agotamiento o la frustración. No se trata de ser perfectos, sino de encontrar un estilo de vida que nos permita disfrutar de las cosas que nos importan sin sentirnos abrumados o privados. El punto medio es el lugar donde podemos vivir con más paz, armonía y bienestar.

Crear Conexiones Equilibradas

Crear conexiones equilibradas es uno de los aspectos más importantes para mantener una vida armoniosa y plena. Las relaciones que formamos con las personas que nos rodean, ya sean familiares, amigos, compañeros de trabajo o parejas, juegan un papel fundamental en nuestro bienestar emocional y mental. Sin embargo, lograr que esas conexiones sean sanas y equilibradas puede ser un desafío. Muchas veces, caemos en extremos: damos demasiado de nosotros mismos, nos preocupamos más por agradar a los demás o, por el contrario, nos desconectamos emocionalmente y no damos el esfuerzo necesario para nutrir esas relaciones. Encontrar un equilibrio en nuestras conexiones significa aprender a dar y recibir, a poner límites saludables y a ser conscientes de nuestras propias necesidades sin dejar de lado las de los demás.

Una conexión equilibrada es aquella en la que ambas partes se sienten escuchadas, respetadas y valoradas. Esto no significa que cada interacción debe ser perfecta o que no habrá desacuerdos, sino que ambas personas se sienten en igualdad de condiciones para expresar lo que piensan y sienten. En una relación desequilibrada, una persona puede sentir que siempre está dando más, que sus necesidades no son atendidas o que no tiene el espacio para ser realmente quien es. Este tipo de relaciones pueden llevar al agotamiento emocional y a la frustración. Por otro lado, si solo nos enfocamos en recibir sin dar, la otra persona puede terminar sintiéndose utilizada o poco valorada. Por eso, la clave está en encontrar un punto medio donde ambas partes contribuyan al crecimiento y bienestar de la relación.

Uno de los aspectos más importantes para crear conexiones equilibradas es la comunicación. La manera en que hablamos con los demás y cómo escuchamos lo que tienen que decir es fundamental para construir una relación sana. A veces, la falta de comunicación o la comunicación deficiente puede causar malentendidos y resentimientos. Por eso, es crucial aprender a expresarnos de manera clara y honesta, pero también de manera respetuosa. Ser sinceros no significa ser hirientes o insensibles, sino decir lo que pensamos y sentimos de una manera que invite al diálogo, no a la confrontación. De la misma manera, escuchar activamente es esencial. No se trata solo de oír lo que la otra persona dice, sino de realmente prestar atención y tratar de entender su punto de vista, incluso si no estamos de acuerdo. Cuando ambas personas en una relación se sienten escuchadas y valoradas, es mucho más fácil mantener un equilibrio saludable.

Otra parte importante de las conexiones equilibradas es el respeto por los límites personales. Todos necesitamos espacio y tiempo para nosotros mismos, y es fundamental que las personas en nuestras vidas comprendan y respeten esos límites. Esto puede ser difícil en algunas relaciones, especialmente cuando estamos muy cerca de alguien o cuando la otra persona depende mucho de nosotros. Sin embargo, poner límites claros no solo es beneficioso para nuestra propia salud mental, sino también para la relación en sí. Cuando establecemos límites de manera amorosa y respetuosa, estamos diciendo que valoramos la relación lo suficiente como para cuidarla y asegurarnos de que no se convierta en una fuente de estrés o resentimiento. Establecer límites no significa distanciarnos emocionalmente, sino encontrar un equilibrio donde podamos estar presentes en la vida de la otra persona sin sentirnos abrumados o sacrificando nuestra propia tranquilidad.

El equilibrio en las relaciones también implica ser conscientes de nuestras propias necesidades y deseos. A menudo, nos dejamos llevar por la necesidad de complacer a los demás, de evitar conflictos o de cumplir con las expectativas de quienes nos rodean, y en ese proceso olvidamos lo que realmente necesitamos. Esto puede llevarnos a resentir a las personas con las que estamos conectados, incluso si al principio no somos conscientes de ello. Para evitar esto, es fundamental hacer un esfuerzo por reflexionar sobre lo que realmente queremos y necesitamos en nuestras relaciones. Una vez que lo sepamos, es importante comunicarlo de manera abierta y honesta. No debemos tener miedo de expresar nuestras necesidades por temor a que los demás se molesten o nos rechacen. Al contrario, ser claros acerca de lo que necesitamos nos ayuda a construir relaciones más auténticas y significativas.

Sin embargo, el equilibrio no solo implica pensar en nosotros mismos, sino también en las necesidades de la otra persona. A veces, podemos estar tan enfocados en nuestras propias preocupaciones que olvidamos que la otra persona también tiene sus propios deseos, miedos y expectativas. Es importante hacer un esfuerzo consciente para empatizar con los demás, para tratar de entender lo que están pasando y cómo nuestras acciones pueden afectarlos. Este tipo de empatía no solo fortalece las relaciones, sino que también nos ayuda a encontrar soluciones que beneficien a ambas partes. En una conexión equilibrada, ambas personas están dispuestas a comprometerse, a ceder cuando es necesario y a encontrar puntos en común.

El tiempo que dedicamos a nuestras relaciones también juega un papel clave en mantener el equilibrio. A veces, podemos estar tan ocupados con nuestras responsabilidades diarias que no dejamos tiempo para las personas importantes en nuestra vida. Otras veces, podemos enfocarnos tanto en nuestras relaciones que dejamos de lado otras áreas importantes, como nuestro trabajo o nuestro autocuidado. El equilibrio en las conexiones significa encontrar un punto medio, donde podamos estar presentes para las personas que nos importan sin descuidar nuestras propias prioridades. Esto puede implicar hacer un esfuerzo consciente para programar tiempo de calidad con las personas que amamos, pero también aprender a decir "no" cuando necesitamos espacio para nosotros mismos o cuando nuestras responsabilidades lo requieren.

Otro aspecto importante para crear conexiones equilibradas es ser flexibles y adaptarnos a los cambios. Las relaciones no son estáticas, cambian con el tiempo a medida que las personas crecen y evolucionan. Lo que funcionaba en una relación en un momento determinado puede no funcionar en el futuro. Ser conscientes de esto nos permite ser más flexibles y adaptarnos a los cambios sin sentirnos amenazados o inseguros. Parte del equilibrio en las relaciones es entender que no siempre podemos controlar lo que sucede, pero sí podemos controlar cómo reaccionamos y cómo nos adaptamos a las nuevas circunstancias. Al ser flexibles, podemos mantener nuestras relaciones fuertes y saludables a lo largo del tiempo, incluso cuando las cosas cambian.

Además, es importante recordar que no todas las relaciones serán equilibradas todo el tiempo. Habrá momentos en los que una persona necesite más apoyo o más atención, y eso está bien. El equilibrio no significa que todo sea igual en todo momento, sino que, en general, ambas personas se sientan valoradas y respetadas. Es normal que a veces una relación sea más desbalanceada temporalmente, ya sea porque una persona está pasando por un momento difícil o porque las circunstancias han cambiado. Lo importante es que ambas personas estén dispuestas a trabajar juntas para restablecer el equilibrio cuando sea necesario.

En resumen, crear conexiones equilibradas es un proceso continuo que requiere esfuerzo y atención. Implica comunicarnos de manera clara y respetuosa, establecer límites saludables, ser conscientes de nuestras propias necesidades y empatizar con las necesidades de los demás. También significa ser flexibles y adaptarnos a los cambios, dedicando tiempo de calidad a nuestras relaciones sin dejar de lado otras áreas importantes de nuestra vida. Al encontrar este equilibrio, podemos construir relaciones más significativas y satisfactorias, que nos aporten bienestar y felicidad a lo largo del tiempo. Las conexiones equilibradas no solo enriquecen nuestra vida, sino que también nos ayudan a crecer y evolucionar como personas, creando un círculo virtuoso de apoyo mutuo y bienestar emocional.

La Clave para Reencontrarte Contigo Mismo

Reencontrarte contigo mismo es una de las tareas más importantes y a la vez más desafiantes en la vida. En el ajetreo diario, a menudo nos dejamos llevar por las expectativas de los demás, las responsabilidades que nos impone la vida o incluso por las versiones de nosotros mismos que creemos que debemos ser. Todo esto puede hacernos sentir desconectados de quien realmente somos, de nuestras pasiones, nuestros deseos y nuestros valores más profundos. La clave para reencontrarte contigo mismo radica en dedicar tiempo y esfuerzo a conocerte, a comprender tus verdaderas necesidades y a vivir de acuerdo con ellas. Esto no es un proceso rápido ni fácil, pero es esencial para vivir una vida auténtica y satisfactoria.

Para comenzar, es fundamental tomarse un tiempo para la auto-reflexión. Muchas veces, estamos tan ocupados con las tareas diarias y las demandas externas que no nos damos el espacio para pensar en lo que realmente queremos y necesitamos. Dedicar tiempo a la auto-reflexión te permite explorar tus pensamientos y sentimientos más profundos, lo que te ayuda a comprender mejor quién eres.

Puedes hacer esto a través de la meditación, la escritura en un diario o simplemente pasando tiempo en soledad. La idea es crear un espacio donde puedas ser honesto contigo mismo, sin distracciones ni presiones externas. Al hacerlo, empiezas a descubrir lo que realmente te hace feliz, lo que te molesta y lo que te apasiona, lo cual es crucial para reencontrarte contigo mismo.

Otro aspecto importante es aprender a escuchar tu intuición. A menudo, ignoramos esa pequeña voz interior que nos guía hacia lo que realmente queremos, porque estamos más enfocados en lo que se espera de nosotros o en lo que es práctico. Sin embargo, tu intuición es una parte fundamental de ti mismo, que conoce tus deseos y necesidades más profundos. Escuchar y confiar en tu intuición puede ayudarte a tomar decisiones que estén alineadas con tu verdadero ser. Esto puede significar seguir un camino diferente en tu carrera, adoptar nuevas pasiones o simplemente hacer cambios en tu vida diaria que te acerquen a quien realmente eres. La clave está en ser valiente y seguir esa guía interior, incluso si a veces puede parecer arriesgado o poco convencional.

Reencontrarte contigo mismo también implica soltar las expectativas y juicios que te has impuesto o que otros te han impuesto. Muchas veces, nos atrapamos en la idea de cómo deberíamos ser en lugar de aceptar y amar a la persona que realmente somos. Esto puede ser especialmente difícil si has estado siguiendo un camino que no se alinea con tus verdaderos deseos. Sin embargo, liberarte de esas expectativas y juicios te permite ser más auténtico. Es un proceso de aceptación y auto-compasión, donde te permites ser tú mismo sin tener que cumplir con las normas que te han sido impuestas. Aceptar tus imperfecciones y reconocer tus logros es fundamental para reconectar con tu verdadero yo.

El autoconocimiento es otro pilar clave para reencontrarte contigo mismo. Conocerte a fondo te ayuda a entender tus fortalezas, debilidades, valores y motivaciones. Esto implica explorar tus intereses y pasiones, así como reflexionar sobre tus experiencias pasadas para aprender de ellas. A veces, esto puede requerir salir de tu zona de confort y probar cosas nuevas. Al enfrentarte a diferentes experiencias y desafíos, puedes descubrir aspectos de ti mismo que antes no conocías. Este autoconocimiento te proporciona una base sólida sobre la cual puedes construir una vida que esté alineada con quien realmente eres.

También es importante rodearte de personas que te apoyen y te inspiren. Las relaciones que tienes pueden influir en cómo te ves a ti mismo y en cómo te sientes sobre tu vida. Estar rodeado de personas que te aceptan y te animan a ser tú mismo puede ser una gran ayuda en el proceso de reencontrarte contigo mismo. Estas personas pueden ofrecerte apoyo, comprensión y perspectivas que te ayuden a ver tu vida desde un ángulo diferente. A veces, la compañía de alguien que realmente te comprende puede ser un gran estímulo para que te reconozcas y te aceptes tal como eres.

Además, es crucial establecer límites saludables. A menudo, para satisfacer a los demás, nos sobrecargamos de compromisos que no reflejan nuestras verdaderas prioridades o deseos. Aprender a decir "no" y establecer límites claros es una forma de proteger tu tiempo y energía para que puedas dedicarte a lo que realmente importa para ti. Esto no solo te ayuda a mantener un equilibrio saludable en tu vida, sino que también te permite concentrarte en lo que realmente te hace feliz y te acerca a tu verdadero yo. Establecer límites saludables también te permite ser más honesto contigo mismo y con los demás sobre tus necesidades y expectativas.

El autocuidado es otro aspecto fundamental para reencontrarte contigo mismo. Dedicar tiempo a cuidar de tu bienestar físico, emocional y mental es esencial para mantener un equilibrio saludable. Esto puede incluir actividades que te relajen, te motiven y te hagan sentir bien contigo mismo. El autocuidado no es un lujo, sino una necesidad para mantener una conexión genuina contigo mismo. Asegúrate de hacer cosas que disfrutes y que te hagan sentir bien, ya sea a través del ejercicio, el arte, la lectura o cualquier otra actividad que te apasione.

Finalmente, recuerda que reencontrarte contigo mismo es un viaje continuo. No es algo que se logra de la noche a la mañana, sino un proceso que se desarrolla con el tiempo. Habrá momentos en los que te sentirás más conectado contigo mismo y otros en los que sentirás que has perdido el rumbo. Lo importante es seguir adelante con paciencia y perseverancia. Cada paso que tomas hacia una mayor comprensión de ti mismo es valioso y te acerca más a una vida que esté alineada con quien realmente eres.

En resumen, la clave para reencontrarte contigo mismo radica en dedicar tiempo a la auto-reflexión, escuchar tu intuición, soltar expectativas y juicios, conocerte a fondo, rodearte de personas que te apoyen, establecer límites saludables y practicar el autocuidado. Este proceso te permitirá vivir de manera más auténtica y satisfactoria, alineando tus acciones y decisiones con tus verdaderos deseos y valores. Aunque el viaje puede ser desafiante, cada paso hacia una mayor conexión contigo mismo te ofrece la oportunidad de vivir una vida más plena y enriquecedora.

Anna Baker

La Tecnología y el Equilibrio

La tecnología ha transformado nuestras vidas de formas inimaginables. Hoy en día, la tecnología está presente en casi todo lo que hacemos, desde la manera en que trabajamos hasta cómo nos comunicamos y entretenemos. Vivimos en una era donde los teléfonos inteligentes, las redes sociales, el correo electrónico y una infinidad de aplicaciones nos mantienen conectados las 24 horas del día. Aunque la tecnología ha traído enormes beneficios, también ha planteado un gran desafío: ¿cómo podemos mantener el equilibrio en un mundo donde la tecnología parece absorber cada minuto de nuestro tiempo? Este es un tema especialmente importante para quienes buscan una vida equilibrada, ya que el uso excesivo de la tecnología puede desbalancear varios aspectos de nuestra vida, como nuestras relaciones, nuestra salud mental y nuestro bienestar en general.

Uno de los primeros pasos para lograr un equilibrio saludable con la tecnología es ser conscientes de cómo y cuánto la usamos. Muchas veces, no nos damos cuenta del tiempo que pasamos frente a una pantalla, ya sea el teléfono, la computadora o la televisión. Es fácil perderse en las redes sociales, ver videos sin parar o responder correos electrónicos sin descanso. Esto puede parecer inofensivo, pero a largo plazo puede afectar nuestra productividad, nuestras relaciones personales y nuestra salud mental. Por eso, es importante detenernos y preguntarnos: ¿estoy usando la tecnología de manera consciente o simplemente me estoy dejando llevar por ella? El simple acto de tomar conciencia de cuánto tiempo pasamos conectados puede ser el primer paso hacia el equilibrio.

Otro aspecto importante es establecer límites con la tecnología. Al igual que con cualquier otra cosa en la vida, el exceso puede ser perjudicial, y la tecnología no es la excepción. Uno de los mayores desafíos que enfrentamos hoy en día es que la tecnología está diseñada para ser adictiva. Las notificaciones constantes, las redes sociales que nunca se detienen y la necesidad de estar siempre disponibles pueden hacernos sentir que nunca tenemos un momento de descanso. Para encontrar un equilibrio, es fundamental poner límites claros. Por ejemplo, podemos establecer horarios específicos para revisar nuestras redes sociales o correos electrónicos, o decidir no usar el teléfono durante las comidas o justo antes de dormir. Estos límites nos permiten recuperar el control sobre nuestro tiempo y evitar que la tecnología invada todos los aspectos de nuestra vida.

El descanso digital es otro concepto clave para mantener un equilibrio con la tecnología. Así como nuestro cuerpo necesita descansar después de un día de actividad física, nuestra mente también necesita desconectarse de las pantallas. Pasar demasiado tiempo frente a dispositivos puede generar fatiga mental, problemas de concentración e incluso insomnio. Una buena estrategia es programar descansos regulares a lo largo del día para alejarnos de las pantallas. Esto puede ser tan simple como levantarse cada hora durante unos minutos, salir a caminar, estirarse o simplemente cerrar los ojos y respirar profundamente. Estos descansos no solo nos ayudan a reducir la fatiga, sino que también mejoran nuestra productividad y bienestar general.

La tecnología también puede afectar nuestras relaciones personales si no la manejamos adecuadamente. Es común ver a personas sentadas en la misma mesa, cada una mirando su teléfono en lugar de hablar entre sí. Aunque la tecnología nos conecta con personas que están lejos, también puede desconectarnos de quienes están cerca. Para mantener un equilibrio, es importante ser conscientes de cómo la tecnología impacta nuestras interacciones diarias. Podemos, por ejemplo, decidir no usar el teléfono cuando estamos en compañía de amigos o familiares, o al menos reducir su uso para que nuestras interacciones sean más significativas. Al poner atención en las personas con las que estamos y no en nuestras pantallas, podemos fortalecer nuestras relaciones y vivir momentos más auténticos.

Otro aspecto importante de la tecnología y el equilibrio es cómo afecta nuestra salud física. Pasar largas horas frente a una computadora o un teléfono puede tener consecuencias negativas para nuestro cuerpo. La postura incorrecta, la falta de movimiento y el esfuerzo constante de la vista son solo algunos de los problemas que pueden surgir. Para contrarrestar estos efectos, es esencial incorporar movimiento en nuestro día a día. Esto puede incluir pequeños ejercicios de estiramiento, levantarnos de vez en cuando para caminar o ajustar nuestra postura para evitar dolores de espalda. Además, es importante cuidar nuestros ojos tomando descansos regulares de las pantallas y ajustando el brillo y la iluminación para reducir la fatiga ocular.

El equilibrio con la tecnología también implica ser selectivos con la información que consumimos. En la era digital, estamos constantemente bombardeados con noticias, opiniones, videos, y una cantidad infinita de contenido que puede ser abrumador. Este exceso de información, a menudo conocido como "sobrecarga informativa," puede generarnos ansiedad, confusión y estrés. Para evitarlo, es importante ser más conscientes de qué tipo de información elegimos consumir. Podemos seleccionar fuentes confiables, limitar el tiempo que pasamos en redes sociales o decidir no ver noticias que solo nos generen angustia. Al ser más selectivos con lo que vemos y leemos, podemos proteger nuestra salud mental y mantener una actitud más positiva.

Una de las ventajas de la tecnología es que también puede ser una herramienta poderosa para el bienestar si la usamos correctamente. Existen muchas aplicaciones diseñadas para ayudarnos a meditar, hacer ejercicio, mejorar nuestra alimentación o incluso para organizar nuestro tiempo de manera más eficiente. En lugar de ver la tecnología como un enemigo, podemos aprender a utilizarla de manera inteligente para nuestro beneficio. Por ejemplo, si nos cuesta encontrar tiempo para hacer ejercicio, podemos usar una aplicación que nos ayude a establecer rutinas diarias. O si tenemos dificultades para relajarnos, podemos aprovechar las muchas aplicaciones de meditación o sonidos relajantes que existen. La clave está en usar la tecnología como una herramienta que nos ayude a mejorar nuestra vida, y no como algo que nos controle.

La tecnología también puede ser una aliada para mantenernos conectados de manera positiva. Aunque es cierto que puede desbalancear nuestras relaciones si no la manejamos bien, también es cierto que nos permite estar en contacto con personas que de otro modo no veríamos. En momentos donde no es posible estar físicamente cerca de nuestros seres queridos, la tecnología nos brinda la oportunidad de mantener esas conexiones. Lo importante es usarla de manera consciente, asegurándonos de que las interacciones que tengamos en línea sean significativas y no solo una distracción más. Llamar a un amigo para saber cómo está, enviar un mensaje de apoyo o tener una videollamada con familiares son formas en las que la tecnología puede enriquecer nuestras relaciones en lugar de perjudicarlas.

Finalmente, es importante reconocer que el equilibrio con la tecnología no se trata de eliminarla de nuestras vidas. La tecnología es una parte integral de nuestro mundo moderno, y ofrece innumerables beneficios. Lo que debemos buscar es encontrar un punto medio donde podamos disfrutar de las ventajas que nos ofrece sin sacrificar nuestro bienestar. Esto implica establecer límites, ser conscientes de nuestro uso, desconectarnos cuando sea necesario y utilizar la tecnología de manera positiva y constructiva. Al hacerlo, podemos integrar la tecnología en nuestra vida de una manera que nos ayude a vivir de forma más equilibrada y plena.

En resumen, la tecnología tiene un papel importante en nuestras vidas, pero es crucial encontrar un equilibrio para que no se convierta en una fuente de estrés o desconexión. Establecer límites, tomar descansos digitales, cuidar de nuestra salud física y mental, y usar la tecnología de manera consciente y selectiva son pasos clave para lograr este equilibrio. Al final, la tecnología puede ser una herramienta poderosa para nuestro bienestar si aprendemos a manejarla de manera inteligente y equilibrada.

Anna Baker

El Arte de Decir No

Decir "no" es un arte que muchas personas encuentran difícil de dominar. Vivimos en una sociedad que a menudo valora la complacencia y el estar siempre disponibles para los demás. Desde pequeños, nos enseñan a ser amables, a ayudar a los demás y a no defraudar las expectativas que otros tienen de nosotros. Aunque estas son cualidades positivas, también pueden convertirse en un problema cuando nos llevan a decir "sí" a cosas que realmente no queremos hacer, simplemente por miedo al rechazo o por no querer desagradar. Aprender a decir "no" es una habilidad esencial para mantener una vida equilibrada y proteger nuestro bienestar. No se trata de ser egoísta o de apartar a los demás, sino de reconocer nuestras propias necesidades y límites.

Una de las razones más comunes por las que nos cuesta decir "no" es porque queremos evitar el conflicto. Tememos que al negarnos a hacer algo, la otra persona se sienta ofendida, decepcionada o molesta. Sin embargo, lo que a menudo no nos damos cuenta es que al decir "sí" a todo, muchas veces nos ponemos en situaciones en las que nos sentimos agotados, estresados o incluso resentidos. Decir "no" de manera clara y respetuosa es una forma de cuidar de nosotros mismos. Nos permite priorizar nuestras propias necesidades y asegurarnos de que no estamos comprometiendo nuestra paz mental o física solo por complacer a los demás. Al hacerlo, no solo nos estamos protegiendo, sino que también estamos siendo más auténticos en nuestras relaciones, ya que no estamos diciendo "sí" solo por compromiso o por obligación.

El primer paso para aprender a decir "no" es reconocer que no siempre podemos hacer todo. Nuestra energía y tiempo son limitados, y si tratamos de abarcar demasiado, terminamos por desgastarnos. Es importante ser realistas con nuestras capacidades y reconocer cuándo algo nos está sobrecargando. Esto implica ser honestos con nosotros mismos y aceptar que está bien no poder hacer todo. No somos superhéroes, y está bien priorizar lo que realmente es importante para nosotros. Cuando entendemos esto, nos damos cuenta de que decir "no" no es un fracaso, sino una forma de cuidarnos.

Otro aspecto fundamental del arte de decir "no" es aprender a hacerlo sin sentirnos culpables. La culpa es una de las emociones que más nos paraliza cuando tratamos de poner límites. Sentimos que estamos siendo egoístas o que estamos defraudando a los demás si no accedemos a sus peticiones. Sin embargo, es esencial recordar que decir "no" no significa que no te importen las otras personas. Al contrario, muchas veces, al poner límites, estamos evitando situaciones que a largo plazo podrían generar más resentimiento o frustración. Decir "no" desde el respeto y la claridad es una forma sana de proteger tu espacio y tu bienestar sin dañar las relaciones.

Una de las mejores maneras de decir "no" sin sentirte mal es aprender a hacerlo de forma educada pero firme. No es necesario dar largas explicaciones o justificaciones sobre por qué no puedes hacer algo. Un simple "no, gracias" o "no, en este momento no puedo" es suficiente. Muchas veces, tratamos de justificar nuestra negativa con demasiados detalles, lo que puede abrir la puerta a que los demás intenten convencernos de cambiar de opinión. Mantener la respuesta simple y clara es una forma efectiva de establecer tus límites sin entrar en discusiones innecesarias. Además, recuerda que no estás obligado a dar razones cada vez que te niegas a hacer algo. Tu tiempo y energía son tuyos, y tienes el derecho de decidir cómo los usas.

El arte de decir "no" también implica practicarlo con regularidad. Al principio, puede sentirse incómodo o incluso aterrador, pero como cualquier otra habilidad, mejorarás con la práctica. Comienza con pequeñas situaciones en las que te sientas cómodo diciendo "no" y poco a poco ve aplicándolo a otros aspectos de tu vida. Con el tiempo, notarás que no solo se hace más fácil, sino que también comenzarás a sentir una mayor sensación de control sobre tu vida y tu bienestar. Decir "no" te ayudará a sentirte más libre y menos agobiado por compromisos que no te aportan nada positivo.

También es importante reconocer que decir "no" es una forma de respeto hacia los demás. Aunque puede parecer contradictorio, establecer límites claros evita malentendidos y resentimientos en el futuro. Cuando accedemos a hacer cosas que no queremos hacer, es más probable que lo hagamos de mala gana o sin el entusiasmo necesario. Esto puede afectar la calidad de lo que hacemos o incluso nuestras relaciones. En cambio, cuando decimos "no" desde el principio, estamos siendo honestos y transparentes, lo que a largo plazo fortalece la confianza en nuestras relaciones.

Otro beneficio de aprender a decir "no" es que te permite concentrarte en lo que realmente importa. Cuando dices "sí" a todo, terminas ocupando tu tiempo en tareas que no siempre son importantes para ti. Esto puede hacer que te sientas agotado y con la sensación de que no estás avanzando hacia tus propios objetivos. Al decir "no" a ciertas cosas, estás creando espacio en tu vida para lo que realmente te apasiona, lo que te hace sentir realizado y lo que te permite crecer. Este enfoque no solo es beneficioso para tu bienestar personal, sino que también mejora tu productividad y te ayuda a alcanzar tus metas de manera más efectiva.

Decir "no" también tiene un impacto positivo en tu salud mental. Cuando te sobrecargas de responsabilidades, tu mente se ve afectada, ya que constantemente estás pensando en todo lo que tienes que hacer y en cómo cumplir con las expectativas de los demás. Esta presión puede generar ansiedad, estrés e incluso problemas para dormir. Al aprender a decir "no", reduces esta carga mental y te permites relajarte y concentrarte en lo que realmente te importa. El simple hecho de saber que no tienes que hacer todo por todos te libera de una gran cantidad de estrés.

Finalmente, es importante recordar que decir "no" es un acto de amor propio. Es una forma de honrar tus límites, tus necesidades y tus deseos. No se trata de ser egoísta o de dejar de lado a los demás, sino de asegurarte de que no te estás descuidando a ti mismo en el proceso de ayudar a los demás. Cuando te cuidas y te priorizas, también estás en una mejor posición para ayudar a los demás de manera genuina y desde un lugar de bienestar. El equilibrio en la vida no se trata de hacerlo todo, sino de saber cuándo y cómo decir "no" para proteger lo que es realmente importante para ti.

En resumen, el arte de decir "no" es una habilidad esencial para mantener una vida equilibrada y saludable. Implica reconocer tus límites, ser honesto contigo mismo y con los demás, y aprender a poner tus propias necesidades en primer lugar. No es un acto de egoísmo, sino de autocuidado y respeto hacia ti mismo y hacia quienes te rodean. Practicar el decir "no" te ayudará a liberar tiempo y energía para las cosas que realmente importan, reduciendo el estrés y mejorando tu bienestar general. Al final, aprender a decir "no" de manera clara y respetuosa es una de las herramientas más poderosas para vivir una vida más plena y equilibrada.

Anna Baker

Finanzas en Equilibrio

Anna Baker

Tener unas finanzas en equilibrio es uno de los pilares más importantes para alcanzar una vida equilibrada. Muchas veces, el estrés financiero puede afectar otros aspectos de nuestra vida, como la salud mental, las relaciones personales e incluso nuestro bienestar físico. Las preocupaciones constantes sobre el dinero pueden generar ansiedad, preocupación y una sensación de falta de control sobre nuestro futuro. Por eso, aprender a manejar nuestras finanzas de manera equilibrada es clave para mantener una vida tranquila y estable. Este capítulo explora la importancia de las finanzas en equilibrio y cómo podemos alcanzarlas, aun cuando pareciera ser algo complicado.

El primer paso para tener unas finanzas equilibradas es entender nuestra situación financiera actual. Muchas personas evitan revisar sus cuentas bancarias o sus deudas por miedo a lo que encontrarán. Sin embargo, para mejorar nuestras finanzas, es necesario ser honestos con nosotros mismos y evaluar de manera clara en qué estado se encuentran. Esto implica revisar cuánto dinero ganamos, cuánto gastamos y cuánto debemos. Si bien puede ser incómodo enfrentar la realidad, es el único camino para empezar a trabajar en mejorarla. Al conocer exactamente en qué situación estamos, podemos tomar decisiones más informadas y evitar sorpresas desagradables en el futuro.

Una vez que entendemos nuestra situación financiera, el siguiente paso es aprender a presupuestar. El presupuesto es una herramienta simple pero poderosa que nos permite tener control sobre nuestros ingresos y gastos. Muchas veces, cuando no tenemos un plan claro para nuestro dinero, es fácil gastar de más o perder de vista hacia dónde se está yendo nuestro salario. Al crear un presupuesto, le estamos diciendo a nuestro dinero adónde debe ir en lugar de simplemente gastarlo sin pensar. Para hacer un presupuesto, podemos empezar por dividir nuestros gastos en categorías como alimentación, vivienda, transporte, entretenimiento y ahorro. De esta manera, podemos ver de forma clara en qué áreas estamos gastando más y en qué áreas podríamos reducir. Un presupuesto no solo nos ayuda a controlar nuestros gastos, sino que también nos permite planificar para el futuro.

Ahorrar es otro componente esencial de unas finanzas en equilibrio. Muchas veces, solemos pensar en el ahorro como algo que solo podemos hacer si tenemos un salario muy alto o si nos sobra dinero al final del mes. Sin embargo, el ahorro no se trata de cuánto dinero ganamos, sino de la disciplina que tenemos para apartar una parte de nuestros ingresos, por pequeña que sea. El ahorro nos permite estar preparados para imprevistos, como una emergencia médica o una reparación en el hogar, y también nos da la posibilidad de cumplir metas a largo plazo, como un viaje, la compra de una casa o la educación de nuestros hijos. Para empezar a ahorrar, podemos fijarnos metas realistas y alcanzables. No importa si comenzamos ahorrando una pequeña cantidad cada mes, lo importante es crear el hábito. Con el tiempo, ese ahorro crecerá y nos dará una mayor sensación de seguridad financiera.

Un concepto clave para mantener unas finanzas en equilibrio es aprender a diferenciar entre necesidades y deseos. Muchas veces, gastamos dinero en cosas que realmente no necesitamos, solo porque en el momento nos parecen atractivas o porque sentimos una presión externa, ya sea social o publicitaria, para tenerlas. Esta es una de las principales razones por las que las personas se endeudan o sienten que no les alcanza el dinero, ya que destinan una parte significativa de sus ingresos a cosas que no son esenciales. Para lograr un mejor equilibrio, es importante hacer una pausa antes de realizar cualquier compra y preguntarnos si realmente necesitamos eso que queremos comprar o si es solo un deseo pasajero. Esta simple reflexión puede ayudarnos a evitar compras innecesarias y a mantener nuestras finanzas bajo control.

El manejo de las deudas también es crucial para unas finanzas equilibradas. Vivir con deudas puede ser una de las principales fuentes de estrés financiero, especialmente si las deudas crecen y parece que nunca terminan. Si bien en algunos casos las deudas son inevitables, como en la compra de una casa o un vehículo, es importante aprender a manejarlas de manera responsable. La clave es no endeudarse más allá de lo que podemos pagar. Si ya tenemos deudas, es esencial priorizar su pago antes de asumir nuevos compromisos financieros. Podemos empezar por pagar las deudas con mayores intereses o las que generan más carga mensual. Además, es recomendable evitar el uso excesivo de tarjetas de crédito, ya que los intereses altos pueden hacer que nuestras deudas crezcan rápidamente. Controlar las deudas no solo nos da tranquilidad, sino que también nos permite tener una mayor libertad financiera.

Otra forma de mantener nuestras finanzas equilibradas es diversificando nuestras fuentes de ingresos. Muchas personas dependen únicamente de un salario fijo, lo que puede ser arriesgado en caso de que algo cambie, como la pérdida de un empleo o una reducción en las horas de trabajo. Diversificar nuestros ingresos implica encontrar maneras adicionales de generar dinero, ya sea a través de un negocio propio, inversiones o algún proyecto que podamos hacer en nuestro tiempo libre. Esto no solo nos da una mayor estabilidad financiera, sino que también nos permite estar mejor preparados ante cualquier imprevisto.

La educación financiera es fundamental para lograr el equilibrio en nuestras finanzas. Muchas veces, tomamos decisiones financieras sin realmente entender cómo funcionan los sistemas económicos o cómo afectan nuestras elecciones a largo plazo. Por eso, es importante dedicar tiempo a aprender sobre finanzas personales, ahorro, inversiones y el manejo de deudas. Hoy en día, hay muchos recursos disponibles, desde libros y artículos hasta videos y cursos en línea, que pueden ayudarnos a mejorar nuestros conocimientos financieros. La educación financiera nos da las herramientas necesarias para tomar decisiones más inteligentes y evitar errores que podrían perjudicar nuestra estabilidad.

Finalmente, es importante recordar que el equilibrio financiero no se trata solo de acumular dinero, sino de saber utilizarlo de manera que nos brinde bienestar y tranquilidad. El dinero es una herramienta que nos permite vivir de manera más cómoda, pero no debe convertirse en una fuente de angustia o de preocupación constante. Al aprender a manejar nuestras finanzas de manera equilibrada, podemos disfrutar más de nuestro presente y tener mayor seguridad para el futuro. Esto no significa que no tengamos que hacer sacrificios o ajustes, pero al hacerlo, estaremos construyendo una base sólida para una vida más equilibrada y tranquila.

En resumen, mantener unas finanzas en equilibrio implica entender nuestra situación financiera, crear y seguir un presupuesto, ahorrar de manera disciplinada, manejar nuestras deudas de manera responsable, diversificar nuestros ingresos y educarnos sobre finanzas personales. Con estos pasos, podemos reducir el estrés financiero, estar mejor preparados para imprevistos y disfrutar de una vida más plena. El equilibrio financiero no es algo que se logre de la noche a la mañana, pero con constancia y paciencia, es posible alcanzarlo y mantenerlo a largo plazo.

El Poder de la Gratitud

La gratitud es una de las herramientas más poderosas que tenemos para mantener el equilibrio en nuestra vida, aunque muchas veces la pasamos por alto. A veces estamos tan concentrados en las cosas que nos faltan o en lo que no va bien, que olvidamos detenernos a apreciar todo lo que ya tenemos. La gratitud no se trata solo de ser educados y dar las gracias, sino de tener una actitud consciente de reconocimiento hacia las cosas buenas, grandes o pequeñas, que están presentes en nuestra vida. Practicar la gratitud nos ayuda a ver el mundo desde una perspectiva más positiva, lo cual tiene un impacto directo en nuestra felicidad y bienestar.

Uno de los efectos más notables de la gratitud es que nos ayuda a enfocarnos en lo que tenemos, en lugar de lo que nos falta. Muchas veces, estamos tan atrapados en la carrera por obtener más cosas, más éxito o más reconocimiento, que no nos damos cuenta de que ya tenemos muchas razones para sentirnos afortunados. Cuando practicamos la gratitud, cambiamos nuestro enfoque y comenzamos a valorar lo que ya está presente en nuestra vida. Esto no significa que debamos conformarnos con lo que tenemos y dejar de aspirar a crecer, sino que nos permite hacerlo desde un lugar de paz y satisfacción, en lugar de desde la frustración o el vacío.

La gratitud también tiene un impacto muy positivo en nuestras emociones. Cuando nos tomamos el tiempo para reflexionar sobre las cosas por las que estamos agradecidos, nuestra mente se llena de pensamientos positivos y constructivos. Esto, a su vez, nos ayuda a reducir el estrés, la ansiedad y la sensación de estar abrumados. En lugar de concentrarnos en los problemas o en las dificultades, la gratitud nos invita a reconocer las bendiciones que ya existen, lo que genera una sensación de calma y bienestar. Es casi como si la gratitud fuera un antídoto natural contra el estrés, ayudándonos a ver la vida con mayor claridad y optimismo.

Otro beneficio de la gratitud es que nos conecta más profundamente con los demás. Cuando expresamos gratitud hacia las personas en nuestra vida, estamos fortaleciendo nuestras relaciones. Todos queremos sentirnos valorados y apreciados, y cuando agradecemos a los demás por su apoyo, su compañía o sus actos de bondad, estamos creando un vínculo más fuerte. Además, la gratitud fomenta un ambiente de generosidad y reciprocidad. Cuando agradecemos a alguien, no solo estamos reconociendo lo que ha hecho por nosotros, sino que también estamos motivándolo a seguir siendo amable y a continuar con esa energía positiva. La gratitud, por lo tanto, tiene un efecto multiplicador en nuestras relaciones, haciéndolas más saludables y satisfactorias.

La práctica de la gratitud no requiere grandes esfuerzos ni mucho tiempo. Una de las formas más simples de cultivarla es tomar unos minutos cada día para reflexionar sobre las cosas por las que estamos agradecidos. Puede ser algo tan sencillo como el hecho de haber tenido un buen día, de haber disfrutado de una comida deliciosa o de haber recibido una llamada de un amigo. También podemos sentir gratitud por cosas más profundas, como tener un techo sobre nuestras cabezas, disfrutar de buena salud o contar con seres queridos que nos apoyan. Lo importante es hacer de la gratitud un hábito diario. Al dedicar unos minutos al día para enfocarnos en lo positivo, empezamos a reprogramar nuestra mente para estar más atentos a las cosas buenas que nos rodean.

Otro aspecto interesante del poder de la gratitud es que no solo mejora nuestra salud emocional, sino también nuestra salud física. Numerosos estudios han demostrado que las personas que practican la gratitud regularmente experimentan menos síntomas de enfermedades, duermen mejor y tienen una mejor calidad de vida en general. Esto se debe a que la gratitud reduce el estrés y la ansiedad, lo que tiene un efecto directo en nuestro cuerpo. Cuando estamos menos estresados, nuestro sistema inmunológico funciona mejor, lo que nos ayuda a mantenernos más saludables. Además, la gratitud nos motiva a cuidar mejor de nosotros mismos, ya que apreciamos más nuestro bienestar físico.

En momentos difíciles, puede parecer complicado practicar la gratitud. Cuando estamos atravesando situaciones de estrés, pérdida o decepción, enfocarnos en lo positivo puede parecer casi imposible. Sin embargo, es precisamente en esos momentos cuando la gratitud se vuelve más poderosa. En lugar de quedarnos atrapados en la negatividad, la gratitud nos permite encontrar algo de luz en medio de la oscuridad. Tal vez no podamos cambiar la situación en sí, pero siempre hay algo que podemos agradecer, incluso en los tiempos más duros. Tal vez es el apoyo de un amigo, la lección aprendida a través de la dificultad o la simple capacidad de seguir adelante. Practicar la gratitud en momentos de adversidad nos da la fuerza para seguir adelante y nos ayuda a encontrar esperanza cuando parece que todo está perdido.

Una manera efectiva de incorporar la gratitud en nuestra vida es mantener un diario de gratitud. Este puede ser un cuaderno en el que, cada noche, escribamos tres cosas por las que estamos agradecidos ese día. No importa cuán pequeñas o grandes sean esas cosas, lo importante es tomarnos el tiempo para reconocerlas. A lo largo del tiempo, este ejercicio se convierte en una poderosa herramienta para cambiar nuestra mentalidad y mantenernos enfocados en lo positivo. Incluso en días en los que todo parece ir mal, encontrar tres cosas por las que agradecer nos ayuda a poner las cosas en perspectiva y a recordar que siempre hay algo bueno en nuestra vida.

La gratitud también nos ayuda a vivir más plenamente en el presente. Muchas veces, nos quedamos atrapados en el pasado, preocupándonos por errores o arrepentimientos, o en el futuro, anticipando problemas o situaciones que aún no han ocurrido. La gratitud nos ancla en el aquí y ahora, recordándonos que el presente es lo único que realmente tenemos. Al apreciar lo que está ocurriendo en este momento, ya sea una conversación con un ser querido, un paseo por la naturaleza o un momento de tranquilidad, estamos viviendo más conscientemente. Esto nos ayuda a disfrutar más de la vida y a reducir la ansiedad por lo que está fuera de nuestro control.

Es importante recordar que la gratitud no es algo que simplemente surge de manera automática; es una práctica intencional. Requiere que hagamos un esfuerzo consciente para detenernos y reflexionar sobre lo que tenemos, en lugar de lo que nos falta. Al principio, puede sentirse extraño o forzado, especialmente si no estamos acostumbrados a hacerlo. Pero con el tiempo, se convierte en una segunda naturaleza, una forma de ver la vida desde una perspectiva más positiva y agradecida.

En resumen, la gratitud es una poderosa herramienta que puede transformar nuestra vida. Nos ayuda a enfocarnos en lo positivo, a mejorar nuestras relaciones, a reducir el estrés y a vivir de manera más plena. No requiere grandes esfuerzos, solo un cambio en nuestra mentalidad y la voluntad de reconocer las bendiciones, grandes o pequeñas, que ya tenemos. Al practicar la gratitud, no solo mejoramos nuestro bienestar emocional y físico, sino que también creamos un ambiente de positividad y generosidad a nuestro alrededor. En definitiva, la gratitud tiene el poder de equilibrar nuestra vida y hacernos más felices.

Anna Baker

El Camino Hacia el Equilibrio

El camino hacia el equilibrio es, sin duda, un viaje que todos debemos emprender en algún momento de nuestras vidas. No es un trayecto fácil ni recto, y mucho menos uno que tenga un final claro, pero es un proceso constante de ajustes, aprendizajes y mejoras. El equilibrio no es algo que se logra de la noche a la mañana; es una práctica diaria, un acto continuo de encontrar armonía entre nuestras responsabilidades, nuestras necesidades personales y nuestras aspiraciones. A menudo, el desequilibrio en nuestras vidas ocurre porque estamos demasiado enfocados en un área en particular, como el trabajo, las relaciones o la vida social, mientras que otras áreas quedan descuidadas. Por lo tanto, el verdadero desafío es aprender a gestionar todas estas partes de manera que ninguna se sobreponga a las demás.

El primer paso en este camino es la autoconciencia. No podemos alcanzar el equilibrio si no somos conscientes de lo que nos está desequilibrando. Muchas veces, vivimos en piloto automático, reaccionando a las exigencias del día a día sin detenernos a evaluar qué es lo que realmente necesitamos. Para encontrar el equilibrio, es crucial detenerse y reflexionar sobre qué aspectos de nuestra vida están fuera de balance. ¿Estamos dedicando demasiado tiempo al trabajo y poco a nuestras relaciones personales? ¿Estamos descuidando nuestra salud física o mental? La autoconciencia nos permite identificar estos puntos de desequilibrio para que podamos comenzar a trabajar en ellos de manera consciente.

Una vez que hemos identificado las áreas que necesitan atención, el siguiente paso es priorizar. No podemos hacerlo todo a la vez ni debemos intentarlo. El equilibrio no significa que cada área de nuestra vida reciba exactamente la misma cantidad de atención en todo momento, sino que estamos dando prioridad a lo que realmente importa. Esto puede variar en diferentes etapas de la vida. Por ejemplo, en algunos momentos, el trabajo puede necesitar más atención, mientras que en otros, nuestra salud o nuestras relaciones deben estar en el centro. Aprender a priorizar es esencial para mantener el equilibrio a largo plazo, ya que nos permite ajustar nuestras energías y esfuerzos de manera que no nos sintamos agotados o abrumados.

Una de las claves en el camino hacia el equilibrio es aprender a decir "no" cuando sea necesario. A menudo, nos sentimos presionados para cumplir con las expectativas de los demás o para aceptar responsabilidades que no son nuestras. Sin embargo, decir "sí" a todo puede llevarnos a un estado de agotamiento y sobrecarga. Aprender a decir "no" no significa ser egoísta o irresponsable; significa establecer límites saludables para proteger nuestro bienestar y mantenernos enfocados en lo que realmente importa. Esto puede ser difícil al principio, especialmente si estamos acostumbrados a querer complacer a los demás, pero con el tiempo nos daremos cuenta de que poner límites nos da la energía y el espacio necesarios para enfocarnos en lo que realmente nos nutre y nos equilibra.

El equilibrio también implica cuidar de nosotros mismos, tanto física como emocionalmente. Muchas veces, sacrificamos nuestro bienestar personal en nombre del trabajo, la familia o las responsabilidades diarias. Sin embargo, no podemos mantener el equilibrio si estamos constantemente agotados o descuidados. Parte del camino hacia el equilibrio es asegurarnos de que estamos atendiendo nuestras propias necesidades. Esto puede significar tomarse un tiempo para hacer ejercicio, descansar adecuadamente, practicar la meditación o simplemente disfrutar de actividades que nos hagan sentir bien. El autocuidado no es un lujo; es una parte esencial para poder funcionar de manera equilibrada en todas las áreas de nuestra vida.

Otro aspecto importante del equilibrio es aceptar que el cambio es inevitable. Nuestras vidas están en constante evolución, y lo que funciona para nosotros en un momento determinado puede no funcionar en otro. El equilibrio no es algo estático; es un proceso dinámico que requiere ajustes continuos. A veces, debemos ser flexibles y estar dispuestos a cambiar nuestras rutinas o prioridades para adaptarnos a nuevas circunstancias. Esto puede significar hacer ajustes en nuestro horario de trabajo, reorganizar nuestras responsabilidades en el hogar o cambiar nuestra forma de pensar sobre ciertos aspectos de la vida. La clave está en ser flexibles y no aferrarnos a una idea rígida de cómo debería ser el equilibrio.

El equilibrio también tiene que ver con nuestras relaciones. A menudo, el desequilibrio en nuestras vidas proviene de relaciones que son tóxicas o desequilibradas. Es importante rodearnos de personas que nos apoyen y nos ayuden a crecer, en lugar de aquellas que nos drenen o nos causen estrés. Aprender a identificar qué relaciones nos nutren y cuáles nos perjudican es esencial para mantener el equilibrio emocional. A veces, esto significa establecer límites con ciertas personas o, en algunos casos, alejarnos de relaciones que no son saludables. Al cuidar nuestras relaciones de manera equilibrada, estamos invirtiendo en nuestro bienestar emocional y mental.

En el camino hacia el equilibrio, también es importante reconocer que no somos perfectos y que no siempre vamos a mantener el equilibrio en todo momento. Habrá días en los que nos sentiremos fuera de balance, en los que el trabajo será abrumador o las responsabilidades personales nos superarán. Lo importante es no castigarnos por esos momentos y, en lugar de ello, verlos como oportunidades para reajustar. El equilibrio no se trata de hacerlo todo bien todo el tiempo, sino de encontrar una manera de recuperarnos y volver a un estado de armonía cuando las cosas se salen de control. La compasión hacia nosotros mismos es clave en este proceso. En lugar de ser duros con nosotros mismos por los errores o desequilibrios, podemos aprender a ser amables y entender que el camino hacia el equilibrio es un viaje continuo, no un destino final.

También es importante no comparar nuestro camino hacia el equilibrio con el de los demás. Cada persona tiene su propio ritmo, sus propios desafíos y sus propias prioridades. Lo que funciona para una persona puede no funcionar para otra, y eso está bien. El equilibrio es algo personal, y cada uno debe encontrar la manera de lograrlo en su propia vida, de acuerdo con sus circunstancias y valores. Compararse con los demás solo nos llevará a la frustración y nos alejará de nuestro propio equilibrio. En lugar de mirar hacia afuera, es importante enfocarnos en lo que necesitamos para sentirnos equilibrados y satisfechos en nuestra propia vida.

Finalmente, el camino hacia el equilibrio también implica aprender a disfrutar del presente.

Muchas veces, el desequilibrio surge cuando estamos demasiado enfocados en el futuro o preocupados por lo que vendrá. Aprender a estar presentes, a disfrutar de los momentos que tenemos ahora, es fundamental para mantener el equilibrio. Esto no significa que no debamos planificar o aspirar a más, sino que no podemos perder de vista lo que ya tenemos en este momento. Practicar la gratitud, como mencionamos antes, es una excelente manera de anclarnos en el presente y de encontrar satisfacción en lo que ya hemos logrado.

En resumen, el camino hacia el equilibrio es un proceso continuo que requiere autoconciencia, priorización, límites saludables, cuidado personal, flexibilidad y una buena gestión de nuestras relaciones. No es un camino fácil, pero es uno que vale la pena recorrer. A medida que avanzamos en este viaje, aprenderemos a ajustarnos, a recuperarnos de los momentos difíciles y a encontrar la paz en medio del caos. El equilibrio no es una meta final, sino una forma de vivir de manera más plena, consciente y en armonía con nosotros mismos y con el mundo que nos rodea.

Desconectar para Conectar

En el mundo moderno, estamos más conectados que nunca. La tecnología nos permite estar en contacto con personas de todo el mundo al instante, acceder a información interminable con solo hacer clic, y tener entretenimiento constante al alcance de nuestras manos. Sin embargo, esta constante conexión externa ha creado un problema: hemos perdido la capacidad de conectarnos con nosotros mismos y con lo que realmente importa. Vivimos en una era donde desconectarse parece ser un lujo, cuando en realidad es una necesidad urgente para nuestra salud mental, emocional e incluso física. Desconectar no significa aislarse completamente o dejar de usar la tecnología, sino encontrar el equilibrio necesario para reconectar con lo que es esencial en nuestras vidas: nuestra paz interior, nuestras relaciones y nuestra conexión con el mundo real.

Desconectar es más difícil de lo que parece porque estamos acostumbrados a la inmediatez. Revisamos nuestros teléfonos en cuanto nos despertamos, respondemos mensajes en segundos y nos mantenemos pendientes de las redes sociales durante todo el día. Esta rutina nos ha acostumbrado a un ciclo de distracción constante, donde nos cuesta pasar un rato en silencio o simplemente estar presentes sin la necesidad de hacer algo. El problema es que, cuando estamos siempre conectados, nuestras mentes se llenan de ruido. El ruido de notificaciones, noticias, y las vidas de otras personas que se muestran constantemente en las redes sociales. Todo esto nos aleja de nuestro propio ser, de nuestras verdaderas necesidades y de las personas que tenemos frente a nosotros.

Para poder reconectar con nosotros mismos y con los demás, primero debemos aprender a desconectarnos de todo ese ruido. No es fácil, porque a menudo sentimos una especie de ansiedad por desconectarnos. Nos preocupamos por lo que podríamos perdernos, por no estar al tanto de lo que está sucediendo, o por no responder a alguien de inmediato. Sin embargo, al desconectarnos conscientemente, estamos haciendo espacio para lo que realmente importa. Es como limpiar una habitación desordenada: al sacar lo innecesario, encontramos espacio para respirar, para pensar claramente y para ser más conscientes de lo que nos rodea.

Desconectar no significa apagar el teléfono para siempre ni dejar de utilizar la tecnología en absoluto. Significa establecer límites saludables para que no nos abrume. Por ejemplo, podemos desconectar durante ciertos momentos del día, como al despertar, durante las comidas o antes de dormir. Estos momentos son valiosos para reconectar con nosotros mismos, reflexionar sobre nuestro día, o simplemente disfrutar del momento presente sin la interferencia de una pantalla. Al principio, puede resultar incómodo o difícil porque estamos tan acostumbrados a estar constantemente ocupados, pero con el tiempo, se convierte en una práctica que nos brinda paz y claridad.

Uno de los grandes beneficios de desconectar es que nos permite reconectar con las personas a nuestro alrededor. Las relaciones en la vida real pueden sufrir cuando estamos demasiado centrados en las conexiones digitales. Tal vez hemos estado en una reunión con amigos o familiares y notamos que todos están mirando sus teléfonos en lugar de disfrutar la conversación. Esto se ha vuelto algo común, pero no por eso es menos perjudicial. La verdadera conexión ocurre cuando estamos presentes, cuando miramos a las personas a los ojos, cuando escuchamos con atención y cuando nos tomamos el tiempo para compartir sin distracciones. Al desconectar, podemos tener relaciones más significativas y profundas, y esa conexión auténtica es una fuente inmensa de equilibrio y felicidad.

Otro aspecto importante de desconectar es que nos da la oportunidad de reconectar con la naturaleza. Pasar tiempo al aire libre, sin la interferencia de la tecnología, es una de las formas más poderosas de restaurar nuestro equilibrio interno. La naturaleza tiene un efecto calmante y revitalizante sobre nosotros, pero para experimentarlo plenamente, necesitamos estar presentes. Cuando estamos en la naturaleza y dejamos nuestros dispositivos a un lado, podemos apreciar las pequeñas maravillas que nos rodean: el sonido de los pájaros, el viento en los árboles, el olor del aire fresco. Estos momentos nos recuerdan la simplicidad y la belleza de la vida, algo que a menudo olvidamos cuando estamos atrapados en el caos digital.

Además de mejorar nuestras relaciones y conectarnos con la naturaleza, desconectar también es fundamental para nuestra salud mental. La exposición constante a la tecnología, en especial a las redes sociales, puede afectar negativamente nuestra autoestima y bienestar emocional. Vemos las vidas "perfectas" de los demás, lo que nos lleva a compararnos y, a menudo, a sentir que no estamos a la altura. Este tipo de comparación constante puede generar estrés, ansiedad y sentimientos de insuficiencia. Al desconectarnos de estas influencias, reducimos la presión de compararnos y podemos enfocarnos más en lo que realmente nos hace felices. Es en estos momentos de desconexión cuando podemos evaluar nuestras metas, nuestros deseos y nuestras emociones de manera más clara y sin la influencia de lo que sucede en el mundo digital.

El descanso también es un componente clave del equilibrio, y la tecnología a menudo interfiere en nuestra capacidad para descansar adecuadamente. No es raro que muchas personas revisen sus teléfonos justo antes de dormir, lo que puede dificultar el proceso de relajación. La luz de las pantallas afecta nuestro ciclo de sueño, y el flujo constante de información mantiene nuestra mente activa cuando debería estar calmándose. Al desconectar antes de acostarnos, estamos permitiendo que nuestro cuerpo y mente entren en un estado de descanso profundo, lo cual es esencial para nuestra salud física y mental. Dormir bien es fundamental para mantenernos equilibrados, y una de las mejores formas de mejorar nuestro sueño es crear una rutina de desconexión antes de dormir.

Desconectar también nos ayuda a reconectar con nuestras pasiones y creatividad. Muchas veces, estamos tan distraídos por lo que sucede en el mundo virtual que no dejamos espacio para explorar nuestras propias ideas o intereses. Tal vez tienes un hobby que has dejado de lado porque no encuentras tiempo, o tal vez tienes una pasión que no has tenido la oportunidad de desarrollar. Al desconectar, estamos creando espacio para esas cosas que realmente nos nutren. Podemos dedicar tiempo a leer, escribir, pintar, cocinar o cualquier actividad que nos apasione, y que nos permita expresarnos de manera auténtica. La desconexión no solo nos da tiempo, sino también la claridad mental necesaria para enfocarnos en lo que realmente nos importa.

En definitiva, desconectar para conectar es una práctica que requiere intención y esfuerzo, pero que tiene grandes beneficios. Al desconectar del ruido externo, nos damos la oportunidad de reconectar con nosotros mismos, con nuestras relaciones, con la naturaleza y con nuestras pasiones. No se trata de renunciar a la tecnología por completo, sino de aprender a usarla de manera equilibrada, sin que nos consuma. Al crear límites saludables y dedicar tiempo para la desconexión, podemos vivir de manera más plena, presente y equilibrada.

En un mundo que nos empuja a estar siempre conectados, desconectar se convierte en un acto de cuidado personal, una forma de recuperar nuestra energía y claridad. Es un recordatorio de que, aunque la tecnología tiene un lugar importante en nuestras vidas, no puede reemplazar la paz interior, las relaciones genuinas y la conexión con el mundo real. Así que, de vez en cuando, apaga el teléfono, cierra la computadora y date el regalo de reconectar con lo que realmente importa.

Anna Baker

El Equilibrio en los Cambios

El equilibrio en los cambios es uno de los desafíos más grandes que enfrentamos en la vida. Los cambios pueden ser emocionantes y necesarios, pero también pueden ser abrumadores y desestabilizadores. A lo largo de nuestra vida, pasamos por distintas etapas que nos obligan a adaptarnos, ya sea un cambio en el trabajo, una mudanza, una nueva relación o, en algunos casos, la pérdida de algo importante. Estos cambios, aunque a veces inevitables, pueden desviar nuestro sentido de equilibrio. La clave no está en evitar los cambios, sino en aprender a manejarlos de una manera que nos permita mantenernos centrados y equilibrados mientras navegamos por ellos.

Una de las primeras cosas que debemos entender es que el cambio es parte natural de la vida. Nada permanece igual para siempre, y, aunque a veces nos gustaría que las cosas se mantuvieran estables, el cambio es lo que nos permite crecer y evolucionar. Resistingirnos al cambio solo nos genera más estrés y ansiedad. Cuando aceptamos que los cambios son inevitables, podemos empezar a verlos como oportunidades en lugar de amenazas. Esta mentalidad nos permite abordar los cambios con una actitud más positiva y abierta, lo que facilita el proceso de adaptación.

Mantener el equilibrio en medio del cambio significa estar preparados emocionalmente para las transiciones. Esto no significa que debemos tener todo bajo control todo el tiempo, sino que debemos aprender a ser flexibles y adaptables. Cuando algo cambia en nuestra vida, ya sea grande o pequeño, nuestra reacción inicial puede ser de incertidumbre o miedo, pero es importante recordar que somos capaces de adaptarnos. La flexibilidad es una habilidad que podemos desarrollar con el tiempo, y cuanto más abiertos estemos al cambio, más fácil será mantener el equilibrio mientras enfrentamos nuevas situaciones.

Parte de mantener el equilibrio durante los cambios es aprender a manejar nuestras emociones. Los cambios, especialmente los inesperados, pueden desencadenar una variedad de emociones como el miedo, la tristeza, la frustración o incluso la euforia. Es natural sentirnos de esta manera, pero lo importante es no dejarnos abrumar por estas emociones. En lugar de reprimir lo que sentimos, debemos permitirnos experimentarlo y luego trabajar para encontrar una manera de procesarlo de manera saludable. Hablar con amigos, familiares o incluso escribir en un diario puede ayudarnos a poner en perspectiva nuestras emociones y a mantener una mente clara durante el proceso de cambio.

Otro aspecto clave del equilibrio en los cambios es la planificación. Aunque no podemos prever todos los cambios que ocurrirán en nuestra vida, hay muchos que podemos anticipar y prepararnos para ellos. Por ejemplo, si sabes que te mudarás a una nueva ciudad o comenzarás un nuevo trabajo, puedes empezar a planificar los aspectos logísticos y emocionales del cambio. Hacer listas, establecer un plan de acción y tener una idea clara de lo que implicará el cambio te dará una mayor sensación de control. Esto no significa que todo saldrá exactamente como planeas, pero tener una guía te permitirá sentirte más preparado y menos vulnerable a los imprevistos.

En algunos casos, los cambios pueden ser tan significativos que alteran profundamente nuestra rutina diaria. En estos momentos, es esencial encontrar una nueva normalidad lo más rápido posible. Una de las maneras más efectivas de hacerlo es estableciendo nuevas rutinas que te permitan sentir un sentido de estabilidad. Incluso si todo en tu vida parece estar cambiando, mantener ciertos hábitos y rutinas puede ayudarte a sentirte más anclado. Por ejemplo, si solías hacer ejercicio todas las mañanas, intenta mantener ese hábito incluso en medio de un cambio. Estas pequeñas acciones te proporcionarán una sensación de continuidad y control en medio de la incertidumbre.

Además de mantener tus rutinas, también es importante encontrar momentos de calma y reflexión durante los cambios. En lugar de apresurarte a tomar decisiones o resolver todo de inmediato, tómate el tiempo para detenerte y respirar. A veces, la mejor manera de mantener el equilibrio durante un cambio es dar un paso atrás y evaluar la situación desde una perspectiva más tranquila y objetiva. Practicar la meditación, la respiración profunda o simplemente tomarse unos minutos al día para estar en silencio puede ayudarte a calmar la mente y ver las cosas con mayor claridad.

Los cambios también nos ofrecen la oportunidad de redescubrir nuestras prioridades. A menudo, nos quedamos atrapados en el ritmo de la vida sin detenernos a pensar en lo que realmente es importante para nosotros. Los cambios, aunque a veces incómodos, nos permiten reevaluar lo que estamos haciendo y hacia dónde vamos. Tal vez un cambio en tu trabajo te haga darte cuenta de que necesitas más tiempo para ti mismo o que es momento de dedicar más energía a tus relaciones personales. En lugar de ver el cambio como una interrupción, puedes verlo como una oportunidad para ajustar tu vida de manera que esté más alineada con tus valores y deseos.

Es natural que durante los cambios busquemos el apoyo de los demás, y esto es algo positivo. A veces, cuando estamos en medio de una transición, es difícil ver las cosas con claridad, y tener el apoyo de amigos, familiares o colegas puede marcar una gran diferencia. No dudes en pedir ayuda cuando la necesites, ya sea para recibir consejos, desahogarte o simplemente compartir tus pensamientos. Rodearte de personas que te apoyan te dará la fuerza emocional y mental que necesitas para mantener el equilibrio durante los momentos difíciles.

También es importante recordar que no todos los cambios son negativos. Aunque algunas transiciones pueden ser dolorosas o desafiantes, muchos cambios traen consigo nuevas oportunidades y experiencias que pueden enriquecer nuestra vida. Tal vez un cambio en el trabajo te lleve a descubrir una nueva pasión o una mudanza te permita conocer personas y lugares que te inspiren. Cuando aprendemos a ver los cambios como oportunidades en lugar de obstáculos, nos abrimos a un mundo de posibilidades que quizás no habríamos considerado antes.

Mantener el equilibrio durante los cambios no significa que todo será fácil o que no sentirás dudas o miedo. Es normal sentirse fuera de lugar al principio, pero con el tiempo, comenzarás a adaptarte y a encontrar tu camino en esta nueva etapa. Recuerda que el equilibrio no es un estado fijo, sino algo que debemos ajustar continuamente a medida que avanzamos en la vida. Al enfrentar los cambios con una mente abierta, una actitud flexible y el apoyo adecuado, serás capaz de encontrar tu equilibrio incluso en las situaciones más desafiantes.

Finalmente, ten en cuenta que los cambios son oportunidades de crecimiento. Cada vez que enfrentas un cambio, tienes la oportunidad de aprender algo nuevo sobre ti mismo, de mejorar tus habilidades para manejar el estrés y de desarrollar una mayor resiliencia. Estos momentos de transición pueden ser difíciles, pero también son los que nos enseñan las lecciones más valiosas. En lugar de temer el cambio, intenta abrazarlo como una parte natural de la vida y una oportunidad para convertirte en una versión más fuerte y equilibrada de ti mismo.

En resumen, el equilibrio en los cambios se logra a través de la flexibilidad, la planificación, el apoyo y la aceptación de lo inesperado. No podemos controlar todos los aspectos de nuestra vida, pero podemos controlar cómo respondemos a ellos. Al mantener una mente abierta y adoptar estrategias que fomenten el autocuidado y la reflexión, podemos navegar los cambios con gracia y equilibrio.

El Equilibrio Entre Dar y Recibir

El equilibrio entre dar y recibir es fundamental para una vida plena y en armonía. En nuestra sociedad, a menudo se valora mucho más el dar que el recibir. Se nos enseña que ser generosos y ayudar a los demás es un acto noble, y por supuesto, lo es. Sin embargo, también es importante reconocer que recibir es igualmente necesario. Mantener un equilibrio saludable entre estas dos acciones es crucial para nuestro bienestar emocional, mental y físico. Si solo damos y nunca recibimos, nos quedamos vacíos; si solo recibimos y nunca damos, nos desconectamos de los demás. El truco está en encontrar ese punto medio donde ambas acciones se complementen y nos permitan vivir en armonía.

Dar es algo que a menudo se asocia con amor, apoyo y generosidad. Nos sentimos bien cuando ayudamos a alguien más, ya sea con nuestro tiempo, nuestras habilidades o simplemente con nuestra presencia. Dar puede ser una fuente de alegría, porque nos conecta con los demás y nos permite contribuir al bienestar de aquellos que nos rodean. Sin embargo, si damos sin medida, sin cuidar de nosotros mismos en el proceso, podemos agotarnos. Ser generoso no significa poner siempre las necesidades de los demás por encima de las nuestras. Para dar de manera genuina y sostenible, necesitamos asegurarnos de que nuestras propias reservas estén llenas.

Por otro lado, recibir a veces puede ser más difícil de lo que parece. Muchas personas sienten culpa o incomodidad al aceptar ayuda o apoyo de los demás, como si estuvieran siendo egoístas o dependientes. Sin embargo, el acto de recibir es tan natural como el de dar, y es necesario para mantener un equilibrio saludable en nuestras relaciones y en nuestra vida. Aceptar lo que los demás nos ofrecen no es un signo de debilidad, sino una forma de reconocer que también tenemos necesidades, que no somos autosuficientes en todo y que a veces, también necesitamos apoyo. Aprender a recibir con gratitud y sin culpa nos permite fortalecer nuestras relaciones y nos enseña a apreciar la generosidad de los demás.

El equilibrio entre dar y recibir es una danza continua. A lo largo de nuestras vidas, habrá momentos en los que daremos más y otros en los que recibiremos más, y eso está bien. No se trata de llevar una cuenta exacta de quién da y quién recibe, sino de reconocer que ambos aspectos son esenciales para el bienestar. Cuando damos, lo hacemos desde un lugar de abundancia, sabiendo que estamos aportando algo valioso a los demás. Y cuando recibimos, lo hacemos desde un lugar de humildad, reconociendo que no siempre podemos hacerlo todo por nuestra cuenta. Este intercambio es lo que crea una relación saludable y equilibrada, tanto con los demás como con nosotros mismos.

A menudo, las personas que están acostumbradas a dar mucho encuentran difícil aceptar ayuda o incluso pequeños gestos de apoyo. Tal vez se sientan más cómodas en el papel de cuidadoras o solucionadoras de problemas, y les cuesta admitir que también necesitan recibir. Pero la realidad es que todos necesitamos recibir de vez en cuando. Nadie puede dar indefinidamente sin agotarse. Al aprender a aceptar lo que los demás tienen para ofrecernos, estamos creando un ciclo saludable de energía, donde lo que damos eventualmente regresa a nosotros de alguna manera. Este ciclo es lo que nos mantiene nutridos, equilibrados y capaces de seguir adelante.

Un ejemplo simple de este equilibrio se puede ver en nuestras relaciones diarias. Imagina a dos amigos que constantemente se apoyan mutuamente. Un día, uno de ellos necesita consuelo, y al día siguiente, es el otro quien necesita ayuda. Ninguno de los dos está siempre en el rol de dar ni siempre en el rol de recibir. Se apoyan mutuamente según las necesidades del momento, lo que fortalece su vínculo y les permite mantener una relación sana. En contraste, si uno de los amigos siempre da y el otro siempre recibe, la relación puede volverse desequilibrada, lo que puede generar resentimiento o dependencia.

Este concepto también se aplica a otras áreas de la vida, como el trabajo. En el ámbito profesional, dar puede significar dedicar tiempo extra para ayudar a un compañero, compartir conocimientos o asumir responsabilidades adicionales. Sin embargo, si siempre estamos dando sin recibir reconocimiento, apoyo o descanso, podemos quemarnos. Es importante saber cuándo es el momento de pedir ayuda o aceptar la colaboración de otros. De lo contrario, podemos acabar sintiéndonos sobrecargados y agotados, lo que eventualmente afectará nuestra capacidad de seguir dando de manera efectiva.

El equilibrio entre dar y recibir también tiene implicaciones en nuestra vida personal. Si constantemente estamos dando en nuestras relaciones, ya sea con familiares, amigos o parejas, sin permitirnos recibir, es probable que terminemos sintiéndonos agotados o descuidados. Dar todo el tiempo sin recibir nada a cambio puede llevar a un desequilibrio emocional. Sentir que nuestras necesidades no son atendidas puede generar frustración o incluso resentimiento. Por lo tanto, es esencial que cultivemos relaciones donde haya un flujo mutuo de apoyo, donde tanto dar como recibir sean parte natural de la interacción.

Además, es importante entender que el acto de recibir no solo se refiere a lo material o tangible. A veces, recibir significa aceptar palabras de aliento, muestras de cariño o incluso el tiempo y la atención de alguien. Apreciar estos pequeños gestos es parte del proceso de mantenernos equilibrados. No todo lo que damos o recibimos tiene que ser algo grande o significativo en apariencia; lo que realmente importa es el espíritu con el que se hace.

Es fundamental también recordar que dar y recibir no solo se trata de nuestras interacciones con los demás, sino también de cómo nos tratamos a nosotros mismos. Dar no siempre significa sacrificarnos por los demás; también puede significar darnos a nosotros mismos el tiempo y el espacio para cuidarnos. De la misma manera, recibir no siempre significa aceptar ayuda de otros, sino también ser receptivos a nuestras propias necesidades. Esto incluye cosas como descansar cuando lo necesitamos, tomarnos un tiempo para relajarnos o hacer algo que disfrutemos. El equilibrio entre dar y recibir empieza con nosotros mismos.

Por último, aprender a equilibrar dar y recibir no es algo que suceda de la noche a la mañana. Es un proceso que requiere práctica, auto-reflexión y, a veces, ajustes en la forma en que interactuamos con los demás y con nosotros mismos. No hay una fórmula exacta, pero la clave está en estar conscientes de nuestras necesidades y límites, tanto al dar como al recibir. Cuando logramos este equilibrio, nos sentimos más satisfechos, menos estresados y más en sintonía con el flujo natural de la vida.

En resumen, el equilibrio entre dar y recibir es una parte esencial de una vida en armonía. Ambos son necesarios para nuestro bienestar y para mantener relaciones saludables y significativas. Al aprender a dar con generosidad y a recibir con gratitud, creamos un ciclo positivo que nos nutre a nosotros y a los demás, permitiéndonos vivir con mayor plenitud y equilibrio.

Anna Baker

Una Práctica Diaria

Una práctica diaria es esencial para mantener el equilibrio en la vida, porque nos permite crear hábitos que nos anclan, nos dan estructura y nos ayudan a enfrentar los retos del día a día de manera más tranquila y enfocada. No se trata de hacer cosas extraordinarias ni de seguir rutinas rígidas. Más bien, se trata de encontrar pequeñas acciones que podemos realizar todos los días, que nos ayuden a estar en sintonía con nosotros mismos y con el mundo que nos rodea. Estas acciones, cuando se convierten en parte de nuestra vida diaria, pueden marcar una gran diferencia en nuestra salud mental, física y emocional.

El primer paso para establecer una práctica diaria es identificar cuáles son tus necesidades más inmediatas. Esto puede variar de una persona a otra. Algunas personas pueden necesitar una práctica que les ayude a sentirse más tranquilas, mientras que otras pueden estar buscando una rutina que las motive y les dé energía. Lo importante es que la práctica diaria que elijas tenga sentido para ti y se ajuste a tu vida y tus circunstancias. No tiene que ser algo complicado o que requiera mucho tiempo; de hecho, las prácticas más efectivas suelen ser las más simples.

Una práctica diaria efectiva puede comenzar con algo tan básico como tomarte unos minutos cada mañana para respirar profundamente. La respiración consciente es una técnica simple pero poderosa que nos ayuda a conectar con el presente, a calmar nuestra mente y a reducir el estrés. Cuando tomas conciencia de tu respiración, te das un espacio para detenerte y recargar, algo que puede ser muy útil antes de comenzar un día lleno de actividades. Solo necesitas dedicar unos pocos minutos para cerrar los ojos, inhalar profundamente por la nariz, exhalar lentamente por la boca, y repetir esto varias veces. Aunque parezca un gesto pequeño, empezar el día de esta manera puede cambiar por completo tu estado de ánimo y tu disposición.

Otra práctica diaria que muchas personas encuentran útil es el establecimiento de intenciones. Cada mañana, antes de sumergirte en tus tareas, puedes tomarte un momento para pensar en lo que te gustaría lograr ese día. No tiene que ser una meta grande o ambiciosa; de hecho, puede ser algo tan sencillo como "hoy quiero estar más presente" o "hoy quiero cuidar mejor de mi salud." Establecer intenciones nos ayuda a mantenernos enfocados en lo que realmente importa y nos recuerda cuál es el propósito detrás de nuestras acciones diarias. A lo largo del día, puedes volver a esa intención cada vez que sientas que te estás desviando o perdiendo el equilibrio.

El autocuidado también es una parte crucial de cualquier práctica diaria. Vivimos en un mundo que nos empuja constantemente a hacer más, a ser más productivos, y muchas veces nos olvidamos de cuidarnos a nosotros mismos. Incorporar pequeños momentos de autocuidado en tu rutina diaria puede ayudarte a mantener el equilibrio y evitar el agotamiento. Esto puede significar dedicar unos minutos a una actividad que disfrutes, como leer un buen libro, escuchar tu música favorita o salir a caminar. No subestimes el poder de estos momentos. A menudo, lo que necesitamos para sentirnos mejor no son grandes cambios, sino pequeñas pausas que nos permitan desconectarnos del estrés y reconectarnos con nosotros mismos.

El ejercicio físico es otra práctica diaria que puede contribuir enormemente a tu equilibrio general. No tienes que hacer entrenamientos intensos ni pasar horas en el gimnasio para notar los beneficios. Un poco de movimiento todos los días es suficiente para mejorar tu salud física y mental. Puedes comenzar con algo tan simple como caminar durante 20 minutos, hacer estiramientos suaves o practicar yoga. El movimiento no solo te ayuda a mantener tu cuerpo activo, sino que también libera endorfinas, que son las hormonas que nos hacen sentir bien. Este tipo de práctica diaria no solo te ayudará a mantenerte en forma, sino que también te dará más energía y te ayudará a despejar la mente.

También es útil incorporar la gratitud en tu práctica diaria. Tomarte un momento cada día para reflexionar sobre las cosas por las que estás agradecido puede cambiar completamente tu perspectiva. A menudo, nos concentramos tanto en lo que no tenemos o en lo que nos preocupa, que nos olvidamos de apreciar lo que sí tenemos. La gratitud nos ayuda a mantenernos centrados y a recordar que, aunque las cosas no sean perfectas, siempre hay algo bueno en nuestras vidas. Puedes hacer esto al final del día, escribiendo en un diario tres cosas por las que te sientas agradecido, o simplemente tomándote un minuto para pensar en ellas antes de dormir. Es un hábito pequeño pero muy poderoso que te ayudará a terminar el día con una nota positiva.

Otro componente esencial de una práctica diaria equilibrada es aprender a desconectar. Vivimos en una era donde la tecnología domina gran parte de nuestra vida, y aunque tiene muchas ventajas, también puede ser una fuente constante de estrés y distracción. Dedicar un tiempo cada día para desconectarte de tu teléfono, la televisión y otras pantallas es vital para mantener un estado mental saludable. Puedes reservar un momento del día, como la hora de la cena o justo antes de acostarte, para estar libre de tecnología y permitirte disfrutar del momento presente sin interrupciones. Esta simple práctica puede hacer maravillas para tu bienestar mental.

La alimentación consciente también puede ser parte de tu práctica diaria. A menudo, comemos de manera automática, sin prestar atención a lo que estamos ingiriendo o cómo nos hace sentir. Tomarte el tiempo para disfrutar cada bocado, saborear los alimentos y estar presente durante las comidas puede ayudarte a tener una relación más saludable con la comida. Esto no solo beneficia tu salud física, sino que también te permite disfrutar más de la experiencia de comer, lo que es una parte importante del autocuidado.

Finalmente, la consistencia es clave cuando se trata de una práctica diaria. No se trata de ser perfectos ni de seguir una rutina estricta todos los días sin excepción. Habrá días en los que te sientas más motivado y otros en los que las cosas no salgan como planeas, y eso está bien. Lo importante es que, con el tiempo, las pequeñas acciones que realizas diariamente se suman y comienzan a tener un impacto positivo en tu vida. No te castigues si un día no puedes hacer todo lo que te propusiste; en su lugar, vuelve a intentarlo al día siguiente. La clave está en la perseverancia y en mantener el compromiso con tu propio bienestar.

En resumen, una práctica diaria es una manera simple y efectiva de mantener el equilibrio en medio de las exigencias y distracciones de la vida moderna. Ya sea que elijas dedicar unos minutos a la respiración consciente, establecer intenciones para el día, practicar gratitud, moverte un poco o desconectar de la tecnología, lo importante es que estas pequeñas acciones se conviertan en hábitos. A lo largo del tiempo, estas prácticas te ayudarán a sentirte más centrado, equilibrado y en paz contigo mismo, lo que te permitirá enfrentar los desafíos de la vida con mayor claridad y tranquilidad.

Anna Baker